JN058376

人権・戦争・地球環境

自然権・究極の課題

関家新助──◉著

彩流社

目　次／人権・戦争・地球環境――自然権・究極の課題

序

この著書で、私は現代哲学の窮極の課題について考察する。具体的には、「自然権」を中心に人間の現存在の危機、人権保障・戦争と平和・地球環境問題、さらに、それらの解決に期待をよせる教育について考察する。

人類にとって、自然観の歴史は古く、哲学思想の世界では、古代ギリシャのアリストテレスにまで遡り、コペルニクス、ガリレオ、ニュートンを経て今日に至っている。その自然観の大きな変遷は彼らの生きた時代の宇宙観にある。アリストテレスの天動説、コペルニクスの地動説、さらに、ガリレオ、ニュートンの太陽系から大宇宙へと知識の世界が広がっていく。そうした変遷の過程でも共通する自然観は、彼らの生きたそれぞれの時代に理解されていた「宇宙観」における「ありのままの姿・性質」、まさにnature（自然）そのものであった。今日、私達は太陽系の遠くに無限に広がる大宇宙のいとなみのすべてを「自然・nature」として認識する。私もその一人である。

私の存在は、一〇億年単位の年月の下、ヒラノ・バクテリアに始まり、さまざまな種の発生・進化・発達のもと、ここに存在する。まさに、人類（私）の産みの親、人類に生命を授けたのはこの自然界の自然な営みそのものである。

自然は、人類にこの自然界で一動物として、不快・苦をさけ、快を求める自らの自然な本性(human nature)に従って生きること、そして、その最大の苦は死であり、逆に、最大の快は生存であること、さらに、その快を追求する自然な営みを人類に授けた。これは、自然が人類にこの宇宙・太陽系・地球で生きる「自然な権利」(natural right)を授けたことになる。

そこには、まだ理性は介在しない。理性が主役となるのは、地域・社会・都市国家の成立前夜、メソポタミア文明前夜のことである。当時の人々は、自分の命を外敵から守るために集団(血縁部族)の力に気付きはじめ、さらに、理性への目覚めとともに、その力は、やがて地域共同体、そして国家(ポリス)形成の原動力となっていく。そして、彼らは、より安全で豊かな社会を求め自らの本能(欲望)と理性とを研ぎ澄まし、やがて強大な国家を形成する。

国家にはさまざまな形態が存在するが、「自然権」[*1]が注目されるのは一七世紀にはじまる近代国家の登場である。その目的はGodによって授けられた構成員の「自然権」・生命と財を保障し、外敵から守ることにあった。今日、国家の使命は、国内的に、基本的人権の保障、その核は「自然権」の保障である。しかし、その「自然権」は守られているだろうか。我国でも危ない兆候は多々ある。また、構成員の人間として生きる「自然権」を無視しつづける前近代的な国家もある。さらに、自らの命を守る自らの国家からも見捨てられた八千万人以上の難民[*2]も現存する。次に、国家の重要な使命は、対外的に、戦争と平和の問題、諸外国から自国民の「自然権」(生命と財)を守ることにある。さらに、国家を超越した人類の存否にかかわる重要な問題が登場する。今日の地球環境破壊の現象である。それは、国家の内政・外政問題を超越した全人類の原初的な「自然権」（全人類の生存権）の存亡にかかわる深刻な問題となる。

本著書の構成、第一章では、「自然権・人権思想」を軸に民族国家・近代国家の成立とその後の展開（侵略戦争）について考察する。とくに、その思想的背景を顧みることによって、国家の使命・目的を明白にする。その理念は、構成員を一人の独立した人間として位置づけ、彼らの生命と財を守ることにある。その哲学的な核は「自然権」の保障にある。しかし、こうした崇高な「自然権・人権思想」の理念とは裏腹に、現実の世界では、イギリス・フランスの植民地獲得戦争が展開する。そこでは、同じ人類の「自然権」が蹂躙されていく。それはなぜか考察する。

第二章では、国家の対外的諸問題・「自然権」（生存権）を軸に戦争と平和の問題、とくに二〇世

＊1　我国では、「自然権」の理念を「生存権」という概念で表現してきた。しかし、これに該当する外国語はない。あえて英訳すれば、理念上 natural right になる。そのいきさつは、日本の憲法学者が日本国憲法第二五条の解釈として「社会的生存権」という概念を一般化したことに起因する。私も国家論・社会福祉の分野ではこの「生存権」を好んで用いてきた。なお、「自然権」は、理性によって整理され、「自然法」として国際法、各国の憲法（実定法）等の上位規定として君臨する。例えば、我国の「自衛隊」の合憲性（正当性）は、現行の憲法条項（第九条）を超越したこの「自然法」に基づくものと考えられる。

＊2　国連難民高等弁務官事務所（ＵＮＨＣＲ）によると、世界の難民は、二〇二〇年八二四〇万人、前年比二九〇万人増。その代表的な国々は、中東シリア・六七〇〇万人、南米ベネズエラ・四〇〇万人、ミャンマー・ロヒンギャ人一一〇万人となっている。

紀における殺戮の歴史とそれらの背景について考察する。

戦争は「自然」が授けた私達の命を全面的に否定する。皮肉なことに、メソポタミア文明前夜から今日に至る私達・人類の歴史は殺戮そのものの歴史であった。それは、「自然」が授けた私達の命をお互いに自ら人類の手によって否定・抹殺してきたことを意味している。そうした原因は何に起因しているだろうか。その主たる要因は領土をめぐる利害・争奪にあるといわれてきた。しかし、私は、その原因の素因、「自然」が人類に授けた「人間の内なる自然な性質」(human nature)・「欲望」のエスカレートにあると考えている。

人類の争いを防ぎ、自らの「自然権」を守る重要な要件は、まず、私達一人一人の欲望の制御にあり、そして、国家の対外政策として、私達は全方位外交の展開と永世中立の宣言を求めていかざるをえない。また、世界には、軍隊を所持せず平和裏に過ごしている国が二〇数ヶ国現存していることも私達は心に留めておく必要がある。

第三章では、国家の内政、国家間の外交問題を超越する全人類の存亡・「自然権」そのものの存否にかかわる地球環境破壊について考察する。

「自然」は人類に生命を授けた。いまや、その「自然」が私達人類の手によって脅かされている。地球規模の環境破壊である。その原因について、自然現象説も主張されてきたが、その最大の原因は、一九世紀初頭から産業革命後に至る経済活動、大量生産・大量消費・大量廃棄という私達の日常的な経済活動にある。この見解は、いまや科学者の間で定説となっている。その主たる要因は、温室効果ガス(二酸化炭素・メタン・一酸化二窒素・フロン等)の急増にともなう地球温暖化現象にある。

その結果、人類は、地球上の深刻な現象、「大気汚染」「オゾン層の破壊」「酸性雨」「土壌汚染」「海洋汚染」「砂漠化」等、自らの存亡にかかわる諸問題に直面している。

「世界気象機関」は、「ＣＯＰ25」（二〇一九年）、「ＣＯＰ26」（二〇二一年）の国際会議の場で、「二酸化炭素の平均濃度は昨年を上回り、過去最高である」と声明を発表、さらに、彼らは「このままで平均気温が上昇しつづけると、次の世代は、気温のさらなる上昇や水不足、それに海面上昇など、より深刻な気候変動の影響をうける」と警告した。

私達人類は、まさに、この正念場に人類の存亡を賭して生きている。人類は、この深刻な問題に対して、国連を中心に英知をもって対峙している。しかし、問題解決の見通しはない。最大の要因は温室効果ガス最大の排出国（中国・アメリカ・インド・ロシア・日本）の足並がそろっていないことにある。

私はこう考えている。この問題の解決には、国連、各加盟国、地方公共団体等の強力な働き、努力もさることながら、最終的には、私達・人類一人一人の日常的な消費活動の制限、具体的には、大量消費を抑える個の「欲望」の制御にかかっているのではないか。私達に生命を授けた「自然」を守るために、私達人類は、非常に厳しい、かつ酷な選択・意志決定を迫られている。

終章で私は、こうした人類の存亡にかかわる「戦争と平和」・「地球環境」の問題を解決するその重要な糸口を教育の力に期待している。教育は、私達人類に生きるための手段（ツール）を授けただけではなく、人間として生きる英知・使命を伝授してきた。しかし、いまやその教育界は、世界的にみても、人間不在の技術教育が先行している。とくに、我国の場合、その指導的役割を果すべく大学教育の現状は、本来の姿からほど遠く、悲惨な状況にある。こうした現状に直面し、生きざるをえない私達現代人は、まさにE・ムンク（E.Munch. 一八六三年―一九四四年）の「叫び」を連想させる状況にある。

第一章　近代国家と「自然権」――その暗雲

第一節　近代国家――「自然権」の登場

近代国家の確立とその背景

私達にとって、「自然権」は全人類にかかわる存在理念の原点である。まず、「自然権」の背景となる「自然」とは、自然界の一刻一刻変化しうるありのままの姿・性質であり、その自然観の歴史は古い。

人類は、約四四〇万年前、この宇宙、太陽系の一惑星・地球に猿人類として誕生した。人類の先人達は、厳しい自然環境の下、地球環境の安定する約一万数千年前までは、人間である前に野生の動物として、恐竜やマンモスと共に生きていた。その生き様は、動物の本性である衝動（空腹・渇き・睡眠・性等）を満たす日常的な行為であり、その根底には快・不快（苦）の感情のみが介在する。

つまり、動物は、自らの生存にとって、快なるものを受容し、不快（苦）なるものを排除する。

その働きこそ、動物の生命運動であり、生存そのものである。自然は私達人類にこの自然な性質を授けた。それは、私達人類がこの地球上で生きていくことを許された瞬間であり、これぞまさに「自然権」である。

しかし、自然界にあって、この衝動を満たすための弱肉強食は日常茶飯事である。これも自然の授けた宿命であり、自然状態の下では、本来、私達動物もまた、こうした自然の摂理に従って生きる動物であった。

人類は、そうした一〇〇万年単位の時間帯のなかで「理性」という最強のツールを少しずつ芽生えさせ、進化させた。その決定的なパトス（pathos・激情）は、自然環境・外敵・空腹という日常的な恐怖の感情であった。人類は、これらの恐怖から逃れるために、その瞬間瞬間、苦をさけ快を求める強い動物衝動によって脳細胞を刺激しつづけてきた。

そして人類は、そうした恐怖からくる日々の連続的な刺激を脳細胞に伝達し、その変化がある段階に達したとき、脳細胞は質を変化させ、さらに永い時間を費やして、遺伝子の世界にまで変化を与えるようになり、ついに「理性」という能力を獲得したのではないだろうか。

さらに、人類は、直面する事態に対して、経験的にどうすればよいか、断片的に少しずつ観察する力、比較する能力、推理する力、先を予見する力等、「理性」という最強の武器を獲得した。そして、この人類の理性はやがて二つの決定的なツールを発見・発明する。一つは、石器（前二六〇万年頃）、火（前一四二万年頃）、槍（前四〇万年頃）、弓矢（前二万年頃）等、具体的に有効なツールを開発、いま一つは、一人より仲間と協力して外敵に立ち向う時の効率の良さ、「集団の力」を発見する。他の動物と異なり、彼らは、この力をさらに有効に活用する術を見いだしていく。こうした発見によって、人類は、採取時代の生活から平地における農耕生活へと移り、血縁集落から地縁共同体を形成し、やがて都市国家へと発展していくことになる。

しかし、この理性の登場は、人類の明るい夢・希望と悲劇（「理性の光と影」）との二律背反する歴史の幕明けとなる。

まず、私達人類は自らの動物衝動の要請によって理性が機能する。理性は、空腹や恐怖に対して、従来の経験則的な要因をふまえ、それらの危機を避けるための具体的な知恵を授け、積極的にそれらを克服する希望の術を教示する。次の段階になると、私達人類の動物衝動と理性の関係はさらに密接に強化されていく。それは、理性がより衝動を満たすことへの「欲望」という感情を芽生えさせ、他方では、理性そのものも「推理力」と「創造力」という能力を強化させる。つまり、「衝動と理性」のメカニズムは「欲望と理性」という新しいメカニズムへと移行する。その結果、人類は、それらの総合的な結実として新しい農耕技術を開発し、農業革命を可能とした。

こうした人類の輝かしい進歩の陰で、人類史の取り返しのつかない負の遺産が登場する。つまり、人類は、農耕文化を通して、生命の安定をもたらす恵みの大地に重要な価値を見出し、人々をして「この土地はオレ達が開拓した」、当然「これはオレ達のものだ」と気づかせることになる。これは、「私有」という観念の芽生えであり、さらに、「所有欲」という新しい感情を生みだしていく。そして、この「所有」と「非所有」との格差が人類史の悲劇の源となる。

次の段階になると、この悲劇はさらに拡大される。集落の拡大とともに組織が強化され、それを取り仕切る力・政治権力が登場する。そこでは「欲望と理性」が「支配欲」（権力欲）に変質し、かつての個人の欲望は、共同体・国家の欲望へと転化・発展し、さらに共同体・国家の「所有欲」へと変質する。この過程で「欲望と理性」のメカニズムは、個人から共同体・国家のメカニズムへと転化され、強化される。そこでは、これまでの個人的な発見・発明の精度は、共同体・国家の必要に応じて高められ、人類の進歩は過去数百万年とは比較にならないほど急速に進行する。そこでは、さらに「集団の力」が自覚・強化され、新しい強力な武器へと変質する。その過程で「協力」という理念が芽生え、人類は、その「協力」に美徳の感情を、「非協力」に対して嫌悪の感情を抱き、集団としての共同体・国家の「力」はさらに強化されていく。

これらの新しい価値は、他部族との戦いの過程で、さらに強化され、不可欠な「力」となり、倫理的な価値として整理され、権力の側から構成員に強要される。その結果、共同体・国家はこれまで以上に強力な権力を形成する。つまり、理性の働きは、共同体・国家をして人間・社会関係を規制する知識、さらには、集団の物理的強化につながる武力の開発・総合的な軍事力を創造するまでに進化し、機能する。

そして、かつての集団・部族は、知的集団としてますます強固となり、個人の欲望と関係なく国家として一人歩きすることになる。やがて、この国家は、新しい強力な武力を背景に地域の弱小部族を吸収し、集団として肥大化し、メソポタミア文明の都市国家に代表される集団へと、さらには、エジプト王朝国家にみられる強大な組織へと発展する。

しかし、この「欲望と理性」のメカニズムは、こうした国家形成の裏側において、数えきれないほどの人類を奴隷化し、殺戮してきた。それは、この自然界で人類のみが組織的に殺し合う戦争という行為を生み出した唯一の種族となる。

また、歴史は人類にとって残酷である。人類の歴史は人類発展の特記すべき一側面を権力の側から整理されてきたにすぎない。多くの陰の部分は闇に包まれている。輝かしいメソポタミア文明、古代ギリシャ、古代ローマ、そしてエジプト文明等栄光の陰で貧困に苦しむ多くの奴隷や難民が存在する。約一〇〇〇年つづいたキリスト教社会・バチカン国家は、神の国の創造とは裏腹に「ものを云う動物」として、多くの農奴に支えられた社会であった。そこでは、農奴を一人の独立した人間として認める「自然権」の理念など存在していない。

「自然権」の理念が広く社会の構成員に認められるのは、一七世紀イギリスである。当時、イギリスは、フランスやドイツに比べ、産業経済面で後進国であった。しかし、ヨーロッパ大陸が宗教戦争に奔走している数十年の間、イギリス社会は綿織物産業を中心に貨幣経済が急速に発達する。こうした経済発展の下、イギリス絶対王制はエリザベス一世（在位一五五八年―一六〇三年）の時代に全盛期を迎え、対外的にも、スペイン無敵艦隊を破り、制海権を掌握、スペイン・オランダを凌ぐ貿易国としての土台を固めていく。しかし、経済の発展、とくに貨幣経済の発達は、絶対王制を支えていた荘園制を衰退させ、新興都市商人階層がいち早く形成されてくる。

彼らは、当初、絶対王制と癒着し、商工業を独占、絶対王制の財源を支えるまでに成長するが、この独占は、農村部の手工業を抑圧し、自由な商工業の発達を阻止することになる。こうした独占事業に対して、中小の商工業者達は、反独占運動を展開し、反国教会運動と結びつき、絶対王制そのものと対峙する。さらに彼らは、下院をまきこみ、当時の絶対君主たるチャールズ一世の独裁政治を倒し、ピューリタン革命（一六四二年ー一六四九年）を成功させる。

一六六〇年、王党派による王政復古が企てられるが、王位継承をめぐる対立のなか、王党派と議会派は妥協し、議会は、オランダの総督・ウィリアムと妃メアリーを共同統治者として王位に任命した。王は、翌年（一六八九年）議会において、統治条件として「自然権」を原点とする『権利の章典』（哲学者J・ロック起草）に署名し、名誉革命は成功する。

イギリスは、宿敵フランスより一〇〇年早く市民革命を成功させ、近代国家を確立した。その近代国家の概念は次の点に集約できる。

①一般的な特徴として、市民参加による議会制民主主義、法による支配、司法の権力からの独立等が絶対条件である。②国家を国民の「共通の財」として捉えた"commonwealth"の提起。これは、「王は神の子である」という主権神授説に支えられた絶対王制に対し、王は、神の子ではなく、国家の構成員の生命と財を守るために、構成員から選ばれた主権者にすぎないという近代契約思想に貫かれている。③国家の構成員は、従来の封建的概念である臣民（subject）ではなく、民（people）という新しい概念で位置づけられている。④従来の宗教的思想・王権神授説を排除し、国家を人為的な組織として再構築したことである。⑤従って、commonwealth はそれを支える構成員を一人の独立した個として必要な基本的人権・「自然権」の保障を不可欠条件として成立する。そして、その理念を支えるに必要な要件として、基本的な「自由の体系」（信仰・表現・出版・結社等）と生命を支えるに必要な「財の保障」が構成員の不可欠な権利（自然権）として位置づけられている。

こうして近代国家は、人間として生きる絶対条件としての「自然権」を保障された構成員個々の社会契約によって議会制が成立し、そこで承認された「法」によって統治される。

近代国家を支えた哲学思想・「自然権・人権思想」

近代国家の確立には、イギリス固有の伝統と歴史がある。

一つは、『マグナ・カルタ』(一二一五年)にはじまり、『権利の請願』(一六二八年)、『権利の章典』(一六八九年)に至る人権思想と契約思想に関する伝統である。

『マグナ・カルタ』は、当時の国王・ジョン王と諸侯との間で交わされた約束を単なる口約束ではなく、文書によって確認した最初の契約書である。そこでは、王の諸侯に対する①逮捕・拘禁に関する王権の制限、②裁判手続きの保障、③課税権の制限等が規定されている。しかし、まだ、この段階では、契約の対象が国王直属の家臣・諸侯のみに限られていた。

市民革命期において、当時の下院議長、E・コーク(E.Coke. 一五五二年―一六三四年)はこの『マグナ・カルタ』について画期的な解釈を示した。彼は、『マグナ・カルタ』を拡大解釈し、その対象を地方貴族・騎士・都市商人階層にも適用しうるという新しい解釈を示した。彼はこの解釈を基に『権利の請願』を執筆した。①王は議会の同意なしに課税の徴収ならびに財産を没収できない。②王は、身体の自由、その他の自由権(自由な慣習)を保障する。『権利の請願』は、議会で承認され、チャールズ一世が署名し、成文法となった。しかし、王はそれを遵守しなかったことがピューリタン革命の引き金となった。

『権利の章典』は、こうした人権思想の伝統の成果として、また、イギリス市民革命の結実として登場する。これは、哲学者、J・ロックによって起草された。王は、①議会の同意なしに、法律の効力を停止し、その適用を免除しえない、また、議会の同意なしに、新しい常備軍を設置し、新たに税を課すことはできない、②請願権と議会における言論の自由を保障する、③過度の保釈金、残虐な刑罰を禁止する。

ここで重要なことは、これらの権利体系に共通する理念として、人権思想の核となる「身体の自由」と「財産の自由」がすでに明記されていることである。

いま一つの伝統は議会制である。これに関する資料は『マグナ・カルタ』にはじまる。会議(parliament・話し合う)の初期の段階では、王と直属の家臣との間でおこなわれた封臣会議である。次の段階になると、『マグナ・カルタ』の第一二条・第一四条で明文化され、諸侯たちの会議への参加が正式に認められている。一四世紀には、この会議に地方の貴族の参加が認められ、各地方の利害が代表されるようになると、この会議は、王の単なる諮問機関ではなく、合議的・代議的な性格をもつようになった。さらに、この会議は、さまざまな階層(諸侯・中央教会の聖職者・地方貴族・地方教会の聖職者・騎士・地方行政官等)の参加が認められ、それは、やがて中央と地方との二つの利害集団に分れ、意見が対立、その対立を調整するために、両者は別々に話し合い、今日の上院・下院という二院制への下地が定着することになる。

このように、イギリスの近代国家は、経済的な要因を軸に、哲学思想として、人権思想の核となる神から授けられた「自然権」(身体の自由・財の保障)の思想に支えられて確立した。

この現実の国家に哲学的な理論を与えたのがT・ホッブス（T.Hobbes. 一五八八年—一六七九年）とJ・ロック（J.Locke. 一六三二年—一七〇四年）である。彼らは、「生存権」という我国特有の用語を用いていない。しかし、彼らは、当時の「王権神授説」の思想を可能な限り排除し、理性によって合理的に考察し、判断すべきとする立場から、神から授けられた「生存」を「自然権」の一つとして捉えた最初の哲学者である。

T・ホッブスはイギリスが近代国家に向って台頭する激動のピューリタン革命期に生きた哲学者である。彼は、この革命の生き証人として、私にとって国家とはなにか自問し、私の生命・「自然権」を守るべき国家像、さらに、「私」と国家との関係・「権力と自由」について考察した。これらの問題が彼の主著『リバイアサン』[*1]の主題である。

『リバイアサン』の骨子はこうなっている。

①自然状態において、人々が同じ能力と欲望をもつとき、それは「万人の万人に対する戦い」となる。そこでは、私の「生命・自然権」は保障されない。しかし、私達の「生命」は神から授けられた不可侵の「自然権」である。この「自然権」を守るために、彼の国家論（commonwealth）は臣民（構成員）共通の財として構築された。

②従って、国家権力は、神から授けられた構成員の「自然権」（生命・財）を守るために、リバ

＊1　Leviathan（一六五一年）、『旧約聖書』に登場する非常に強い怪獣の名前。国家権力は構成員の生命と財を守るためにこの怪獣の如く強力でなければならないという主旨で用いている。

イアサンのごとく絶対かつ強力でなければならない。

③国家権力は最強であるが、その主権の基礎は臣民（構成員）にある。これは、今日の主権在民思想と社会契約思想の原点となる。

④この国家は人為的組織体である。約一〇〇〇年間、ヨーロッパ社会を支配してきた「バチカン国家」は、国家を地上における神の国の延長として捉え、この理念を基に絶対王制では「王権神授説」が登場した。T・ホッブスはこうした宗教的理念を退け、国家は神から授けられた命、つまり、「自然権」を守るために人為的に組織された「共通の財」としての結社体であると主張した。従って、国家は私達の生命という「自然権」を現実の世界で保障する手段として存在する。

彼の国家論を支える哲学思想的な理念は大別して二つある。一つは、「自然権」・「自然法」の設定である。彼によると、神によって授けられた生命は何人にも侵害されない。もちろん、王といえども侵すことはできない。逆に、各人は自らそれを守る義務を負う。そのために必要な絶対要件は、各人の行為・行動の「自由」であり、これはまさに神から授けられた「自然権」の原点である。さらに、その「自然権」は、理性によって見出される戒律または一般法則、つまり「自然法」によって具体化され、整理される。彼の「自然法」は、生命を破壊し、それを奪うことを禁じ、さらに、各人の生命を維持する手段としての「自由」の剥奪を禁止している。さらに、彼は、基本的な「自然法」として、「平和を求め、それに従え」「可能なあらゆる方法によって、自分自身を守れ」と主張する。[*2]

いま一つは、「抵抗権」の提唱である。

これは「自然権」に関する究極の提言である。彼は、自由論を根底に据え、生命を守る楯となる「抵抗権」の論理に迫っていく。「自由とは、対立物・外的障害の存在しない状態であり」、「人間は、等しく自由な存在であり、自らの行為から生じたものでない義務は何一つ存在しない」。彼は、「自分自身の身体（命）を守るために役立たないすべての契約は無効である」[*3]と主張する。

具体的には、臣民（構成員）を殺害したり、不具にせよという主権者の命令に対して、彼らは服従しなくてよい自由をもつ。また、彼らが主権者に対して不正な抵抗（ピューリタン革命の正当化）をなし、死刑に値する罪を犯した場合ですらも、彼らは、結束してお互いに援助し、自己の命を守る自由をもつ。T・ホッブスにとって、この「抵抗権」の理念は、いついかなる場合にも、臣民の命を守る自己防衛という神から授けられた「自然権」がすべてに優先し、王といえどもこの「自然権」を脅かすことはできないという結論であった。

このT・ホッブスの近代国家論と人権思想はJ・ロックに継承される。J・ロックはイギリス社会が名誉革命をへて近代国家を確立していく時代に生きた哲学者である。

彼の国家思想とそれを支えた哲学を概観する。

①彼の「自然権・人権思想」の理念は、commonwealth（共通の財・近代国家）を支えるに資格ある構成員として、個の人間としての独立を絶対条件とする。そのためには、「身体の自由」と「財

＊2『リバイアサン』T・ホッブス、第一四章。
＊3　同、第二一章。

産権」、さらには、それらを支えるに必要な自由の体系の保障が不可欠となる。

②彼は、「自然権」・「人権思想」の核となる自由の問題について、freedom と liberty の概念を峻別し、自由の体系を提起した。彼によると、freedom は、自然状態における「完全に自由な状態であり……すべてのものの基礎である」。しかし、「自然法の範囲内で自らの行動を律する」という制約をうける。一方、「社会における人間の liberty は、同意による commonwealth のなかに設立された立法のみに従い……それ以外のいかなる意志の支配も、また、いかなる規則の拘束もうけない」[*4]。

従って、commonwealth の主権は、構成員の生命と財を守るために、各人の完全な自由（freedom）と権利の一部を主権者（王・合議体）に譲渡されて形成される。主権者の使命は、この譲渡された主権を用いて構成員の生命と財、さらには、渡されなかった残りの自由（魂・精神の自由、freedom）ならびに立法府の制約をうけた社会的自由（liberty）を守ることにある。

③彼は「財産権」を提起する。財とは生命を維持するに必要な最低限の財（衣食住）が不可欠である。彼は、この財の保障を「自然権」に求め、人権思想の確立に不可欠な要件と考えた。従って、他者の財を脅かす行為は、彼の生存そのもの・「自然権」を否定する行為として捉えられている。

④革命権の提唱。これは、J・ロックがイギリス市民革命を正当化する理論である。しかし、哲学的には、「自然権・人権思想」の真髄となる。主権者が構成員の生命と財を保障しえなくなった場合、それは、神から授けられた「自然権」（生命・財）を守りえない主権者として、構成員には、主権者に対する単なる抵抗ではなく、主権者を解任・更迭する最高権力が残されている。この権力は、構成員が自らの生命と財を守る最後の手段として合法的に発動される。これは、すべての制定

法に先行する「自然法」の一つであり、神への直訴として位置づけられている。
⑤彼の平等観を支える哲学として、認識論が構築されている。当時、これは重要な意味をもつ。つまり、神の子である王とpeopleが同じ人間であることの証明でもある。両者はなにゆえ平等か、J・ロックはその証を「生得観念」の否定に求めた。彼によると、元来、人間の心は白紙（tabula rasa）の状態であり、神の観念を含むいかなる「生得観念」も存在しない。それらの観念は、すべて経験を通して後から形成され、すべての知識はこの観念の組合せによって形成される。それは神の子としての王といえども同じである。それゆえ、王と民の人間として基本的な本性・能力は同質である。そして、神の子として王の独占物であった全知全能さも否定されることになり、両者は人間として対等な立場に立って社会契約を結ぶことが可能となった。
⑥彼は構成員を一人の独立した個（individual）として捉えている。その要件はどれだけ自分の頭で考え、自己決定しうるかということにある。その図式を推察すると、まず、自らの「心の白紙」状態に対して、「私」は一人の独立した人間として、他人の感性ではなく、自分の感性で事物を直接感じ、感じとった対象を他人の頭ではなく、自己の頭・理性で整理・判断し、意志決定すること、そして、その自己決定に基づいて「私」という人間が行動する。この図式こそ、まさに、人間として「私」であることの証であり、それらはまた、「私」であることの絶対条件である。J・ロックのcommonwealthへの期待は、なによりも、こうした独立した個の集団によって運営されることで

＊4　『市民政府論』J・ロック、第二論文、第九章。

あった。

　こうした近代国家の理念は、さらに、D・ヒューム（D.Hume. 一七一一年―一七七六年）とI・カント（I.Kant. 一七二四年―一八〇四年）によって深められていく。

　D・ヒュームは、人権思想・「自然権」の拠り所を「神」ではなく、人間の本性（human nature）に求め新しい哲学的視点を切り開いた哲学者である。殺人はなぜ悪いか、「十戒」に定められた掟であるという理由では学問的な答えにならない。彼は、その論拠を万人がかねそなえている「人間の内なる自然な性質（human nature）、快・不快（苦）と共感（sympathy）の世界に求めた。そして、不快と苦しみを与える行為を悪とし、その悪を人々の「共感」によって普遍化した。

　さらに、近代人権思想はI・カントによって倫理学的に止揚されていく。具体的に、彼は「人間の尊厳」と「目的の王国」という重要な概念を提起する。

　彼によると、人間の尊厳とは、自己ならびに他者を手段としてではなく、目的として自己実現することである。「あなたの人格にも、また、他のあらゆる人の人格にも存在する人間性を、つねに目的として用い、決してたんなる手段としてのみ使用しないように行為しなければならない[*5]」。また、「人は目的たることなしに、何人からも、神からさえも、決してたんなる手段として使用されない[*6]」。「目的の王国とは、お互いが他者への尊厳を目的として生き、理性的存在者として、道徳的実践を可能とする共通の法則（道徳律）によって体系的に結合された全体であり、理想的な共同体である[*7]」。

　この「目的の王国」は私は私であるという個の自覚にともなう人間そのものへの尊厳を意味して

いる。人はなぜ他者を尊厳しなければならないか。人間は、「私」という人格の持ち主であり、さらに、理性の持ち主として、自ら道徳的実践者たることにある。それゆえ、人は、他の動物と異なり、一人ひとり人格の持ち主として自他共々、目的として自己を高めていく存在者である。これがI・カントの主張する理想的な近代人の姿であった。このように、彼は、イギリス型の「自然権・人権思想」に「個の尊厳」・「目的の王国」という新しい倫理的理念を構築した。

こうした哲学思想の脈絡の下、現実の世界では『人権宣言』や「近代憲法」[*8]に支えられた近代国家が登場する。

日本国憲法――権利の体系を中心に

参考までに、この「自然権・権利」の体系について、今日、世界で最も優れた憲法として評価されている「日本国憲法」・その基本的人権の保障を中心に具体的に概観する。

「日本国憲法」を支える哲学思想は、すでに概観してきた、ヨーロッパ近代哲学の「自然権」に支えられた人権思想にある。その核となる理念は三点ある。一つは、「他者を殺さない」戦争放

＊5『実践理性批判』I・カント、第一部第一篇第一章第二節。
＊6同、第一部第二編第二章第五節。
＊7『道徳形而上学原理』I・カント、第三章。
＊8『権利の章典』（一六八九年）、『アメリカ独立宣言』（一七七六年）、『人および市民の権利宣言』（一七八九年）、「ワイマール憲法」（一九一九年）、「日本国憲法」（一九四六年）、「世界人権宣言」（一九四八年）

棄（第九条）・平和憲法にある。これぞまさに「自然権・人権思想」の原点である。次に、戦前の絶対王制・天皇制の否定、三点目は、構成員・国民を一人の独立した個・人間として捉え直した点にある。

しかし、私達日本人が等しく「私は人間である」と確信できるようになるのは、約七五年前、太平洋戦争の敗戦と今日の憲法制定にはじまる。この憲法は、「敗戦の代償として勝者・連合軍に強要され、日本人の手で起草・策定したものではない」という強い意見もある。私は、その策定過程がどうあれ、「自然権・人権思想」を軸に、平和主義・立憲主義・権利の体系等これほどまでに熟考された憲法は世界に類をみないと考えている。重要なことは、誰が憲法を起草・策定しようとも、「善いものは善い・悪いものは悪い」。さらに、戦後のあの時点において、これだけの憲法を草案した我国の憲法学者はどれだけいたであろうか。彼らは、基本的人権の保障、とくに、天皇制の問題・天皇を国民の象徴とするアイデアや第二四条・女性の権利等、近代憲法の思想性・理念をどれだけ理解しえたであろうか疑問である。

なによりも、この憲法のすばらしい証は、この七五年間、私達日本人が戦場において、一人として他国民を殺害しなかったこと、そして、日本人もまた殺害されなかったことにある。この事実は他の国家では考えられない「日本国憲法」の崇高性にある。

日本国憲法の「権利の体系」を中心に「自然権・人権思想」の理念・体系について概観したい。

日本国憲法は、私達日本国民を一人の独立した人間と認め（第一三条）、さらに、人間として生きるに必要な諸権利を基本的人権の享有として保障し、それを侵すことのできない永久の権利（第一一条）であると規定している。そして、この二つの条項を具体的に明記した規定が「自然権」の思想に支えられた「社会的生存権」（第二五条・健康で文化的な最低限度の生活を営む権利）である。さらに、この社会的生存権を実現するために、自由権と社会権の体系が存在する。

自由権は、私達が一人の個として独立した人間として生きるために、必要不可欠な基本権である。それゆえ、自由権は社会権に先行する。具体的には、第一八条「身体の自由」、第一九条「思想・良心の自由」、第二〇条「信仰の自由」、第二一条「集会・結社・表現の自由」、第二三条「学問の自由」、第二四条「両性の平等」等。

社会権は、私達が現実の世界で社会の一員として生きていくに不可欠な諸権利である。第一五条「選挙権」、第一六条「請願権」、第一七条「国家賠償責任」、第二五条「社会的生存権」、第二六条「教育権」、第二七条「労働権」、第二八条「団結権」、第二九条「財産権」等。

こうした基本的人権の思想的な核は西洋近代の「自然権」の理念に由来する。それは二つの側面をもつ。一つは、人間である前に動物として生きる権利である。それは、かつての奴隷・農奴のように他者から拘束されない身体の自由・移動ならびに住居の自由、また、自己の生命を支えるに必要な最低限の財の保障を意味している。いま一つは、人間として生きる権利である。これは、思想・信条・表現ならびに学問の自由等、人間として、独立した個として生きるに必要な絶対条件である。これら自由の真髄は、時の権力や政治を監視し、批判することの自由を意味している。逆に、これらの自由が認められない状況下にある場合、私という人間はもはや存在しない。

皮肉なことに、私達日本人は、こうした権利を太平洋戦争の敗北の代償として、一夜にして獲得した。しかし、戦前の「大日本帝国憲法」(一八八九年)の下でも、臣民の権利の体系は存在していた。私は、今日の憲法における人権感覚の重みを感じる意味でも、両憲法の人権思想に関する重要な概念と条項とを比較・考察する必要があると考えている。

「大日本帝国憲法」における「臣民」の権利とはなにか。それは、どのように機能し、どのような意味をもつか、重要な問題である。まず、「臣民」とは、人間として独立した個・人間ではなく、天皇の家臣として位置づけられていることである。「臣民」は、主従の上下関係を表わす封建的な概念で一人の人間として独立した個・市民等、近代的な理念をもつ用語とは根本的に異なっている。なお、近代人権思想を最初に生みだしたイギリスでは、チャールズ一世の絶対王制下の臣民(subject)に対して、革命後の近代国家では人民(people)という新しい概念が登場する。これは、people が新しい市民社会を構成する主体として認知され、単なる集合名詞ではなく、近代国家の重要な概念を表わす用語であることを意味している。

「大日本帝国憲法」における「臣民」の権利体系はこう規定されている。ここでいう権利とは、独立した一人の人間・市民ではなく、天皇の臣民(家臣)としての権利であることに注目する必要がある。具体的には、身体の自由(第二三条)、所有権(第二七条)、信仰の自由(第二八条)、言論・出版・集会・結社の自由(第二九条)、請願権(第三〇条)等々。ここには、当時の先進国が認める諸権利は網羅されている。

しかし、個として独立した人間であることの条件に決定的な問題がある。それは、「天皇の家臣である」といってしまえば、それまでであるが、人間として最低条件である精神の自由、その真髄である「思想・良心の自由」ならびに「学問の自由」が欠如している。

また、現行憲法の「公共の福祉に反しない限り」と規定する第一三条の理念とはまったく比較にならない厳しい制約が加えられていることである。それは、「万世一系の天皇による統治」（第一条）を絶対条件とし、その「天皇を神聖にして侵すべからず」（第三条）と規定されている。

それゆえ、臣民が家臣どもの分際で自らの権利をどのように行使しようとも、主である天皇および天皇中央集権国家を公然と批判する自由や権利は、「法律ノ範囲内ニ於テ」（第二九条）という条件の下、第一条・第三条に抵触するゆえ、存在しない。

また、「信仰の自由」についても、「神道」が実質、国教として存在する以上、その条項も空文化されている。さらに、この同じ脈絡からみると「思想」および「学問の自由」は、本来、国家の発展に寄与する重要な条項であるが、この天皇制国家を根底から脅かす危険きわまりない権利条項として、この憲法から抹殺されることになる。

要するに、この体制の下では、私達人間は、一人の独立した人間・「自然権」の持ち主ではなく、封建的な臣民として、生殺与奪の権をもつ権力者によって与えられた制約つきの権利体系にすぎない。しかし、その権利すら、国家の非常事態や厳戒令という大権の発動の下、抹殺される仕組となっている。

このように、人権思想・権利体系を中心に両憲法を比較すると、「大日本帝国憲法」には、時代的な制約があったとはいえ、人権思想・国民（臣民）の権利は空洞化され、人間にとって最も重要な「自然権」に支えられた「人権思想」の理念はどこにも存在しない。従って、「大日本帝国憲法」

は、近代憲法の本質、構成員である国民を一人の独立した人間として守る基本的な役割そのものを有していない。それとは真逆の天皇絶対王制を合法的に保障する憲法であった。この一点が両憲法の決定的な違いである。

第二節　近代国家――その後の展開

これまで私は人類史における「自然権・人権思想」に基づく近代国家の輝かしい側面を概観してきた。その政治的デモクラシーの制度は、古代ギリシャのポリス・アテネから数えて約一八〇〇年ぶりの復活であった。

しかし、このすばらしい理念と政治制度に支えられた新しい国家、イギリス・フランス・アメリカ等欧米先進国は、人類史において、どのような国際政治を展開してきたであろうか。同じ「自然権」を有する人類・同胞という視点から、彼らの動向――彼らの非人道的かつ暴力的な振舞いを振り返る必要がある。

欧米先進国は、まず政治的民主主義を成功させ、その勢いで、農奴から解放された新しい市民層（ブルジョアジー）によって産業革命が遂行される。その結果、彼らは、新しい大量の武器の開発によって富国強兵策を遂行し、同じ人類でありながらも、経済力と武力に乏しい諸民族を強力な武力で侵略していく。その代表格は大英帝国である。

この新しい近代国家には、「自国民ファースト」で、他国民・民族を同じ人間あるいは人類とみなす感覚も理念ももちあわせていなかった。一九世紀、大英帝国のアジアを中心とする侵略は他の列強の追従を許さない卑劣な方法であった。その代表的な侵略戦争は、二度にわたる「アヘン戦争」（第一次・一八四〇年—四三年、第二次・一八五六年—六〇年）と「インド植民地戦争」（一八四五年—七七年）である。

アヘン戦争は、イギリスの中国・清王朝に対する強力な近代兵器を背景に一方的な自由貿易を迫る侵略・植民地化戦争であった。イギリスの要求に応じない中国に対し、イギリスは、艦隊による広州攻撃、上海の運河封鎖を手始めに、一方的な武力行使を展開する。

この侵略戦争の国家的犯罪ともいえる悪質非道さは、清国内のアヘン吸飲の習慣に目をつけたイギリスが、その有毒物アヘンを植民地領インドで栽培し、清国に密輸して膨大な利益をえることであった。これに対して、清朝政府は猛烈に抗議するが、イギリスは武力で脅し制圧する。

このアヘンの密輸はイギリスの中国大陸侵略の重要な役割を果すことになる。アヘンの有毒性は、中国民衆の魂を形骸化させ、中国大陸侵略に対する大衆の抵抗精神を弱体化させるに充分な効果をもたらした。イギリスは、この侵略・アヘンの取引きによって、大量の銀を獲得する。その上、イギリスは、「南京条約」（一八四二年）と翌年の追加条約によって香港島を獲得、さらには、「第二次アヘン戦争」を仕掛け、天津・北京を占領する。そして、「天津条約」・「北京条約」（一八六〇年）によって一一の港を開港し、アヘン貿易を合法化し、その上、アヘン没収による賠償金六〇〇〇万元を八〇〇〇万元にまで増額した。

また、時を同じくしてイギリスは、「インド植民地戦争」を遂行し、従来のインド支配を完全に属国として植民地化する。

その歴史は古く、エリザベス一世の絶対王制期に溯る。イギリスは、一五八八年スペイン無敵艦隊を破り、一六〇〇年「東インド会社」という外交・宣戦・条約締結権等を有する独立した軍隊組織の商社を設立し、すでに二〇〇年以上前からインド侵略を目指していた。

産業革命期を境に、イギリスのインド植民地化は本格化する。イギリスは、「東インド会社」の強力な最新兵器をもつ軍隊を中心に、インドの各部族・王国を次々と打破し、ブラッシーの戦い（一七五七年）でフランスのインド権益を奪い、マラーター戦争（一七七五年—一八一八年）によって北部インドを制圧、さらに、シク戦争（一八四五年—四九年）によってシク王国を併合、インド全土を支配下に治め、英領インドとしてイギリスの直轄植民地（一八七七年）とした。この一連の戦いで、イギリス軍・「東インド会社」は、つねに「イエスかノー」をつきつけ、「ノー」であれば、その部族を一人残らず全滅させた。これがインドにおける「東インド会社」の常套手段であった。

さらに、産業革命が軌道にのると、大量生産された最新兵器と資金を背景に、イギリス政府はより積極的に海外植民地獲得政策を強行する。一八七五年にはスエズ運河の株の半分をエジプトから買収、第二次アフガン戦争（一八七八年—八一年）でアフガンを保護国、一八八六年にはビルマを併合していく。このように一九世紀最後の三〇年間、イギリスは、世界の工場として、大英帝国の総面積を一・五倍に拡大し、南極をのぞくすべての大陸に植民地を獲得する。

一方、フランスでは、イギリス市民革命より遅れること一〇〇年、「フランス革命」（一七八九年

―九九年）によって、ルイ一六世（在一七七四年―九二年）の絶対王制が崩壊し、近代国家が登場する。しかし、その過程はさまざまな利害が交錯し、混沌とする。フランス社会は、バスティーユ牢獄の襲撃、共和制の成立、国王と王妃の処刑、ジャコバン派の恐怖政治、五人の共和派指導者による総裁政治等、この一〇年間、目まぐるしく激変する。

「フランス革命」の基本的な理念は『人および市民の権利宣言』（一七八九年）である。この『宣言』は、イギリスの「自然権・人権思想」とボルテール、ルソー、ディドロ等の啓蒙思想を土台として構築された。

『宣言』は、その前文において、「人（homme）の譲渡不能かつ神聖な自然権を表明することを決意し……」とこの『宣言』の基本理念を表明する。さらに、「人は、自由かつ権利において平等なものとして生れ、かつ生存する」という有名な第一条ではじまり、「政治的結社の目的は、人の消滅することのない自然権を守ることにある」（第二条）、「主権は国民に在る」（第三条）と人および市民として基本姿勢を表明する。さらに、「信仰の自由」（第一〇条）、「思想・意見の自由な表現は、人の最も貴重な権利」（第一一条）として位置づけ、最後に「所有権は神聖かつ不可侵な権利」（第一七条）として、この『宣言』を結んでいる。

革命期の混沌としたフランス社会の現実はこの『宣言』の理念と真逆の方向に進んでいく。まず、好戦的独裁者・ナポレオン（一七六九年―一八二一年）の登場を余儀なくし、一連のナポレオン戦争（一七九二年―一八一五年）が展開される。その最大の要因は大陸におけるフランスの立場である。一語でいうと、革命後のフランス国家は、経済・軍事とも、対イギリスには遅れをとるが、大陸内では優位さを保っていた。ナポレオン戦争の目的は、イギリス産業革命後の経済力・軍事力に対する警戒心・恐怖から大陸内の諸国家を武力でまとめ、イギリス国家に対峙することであった。

ナポレオンは、一七九九年、強力な指導者を望む新興ブルジョアジーや小地主等の幅広い支持の下、クーデターによって政権を掌握する。彼は、まず、独裁的な力によって、混乱したフランス社会を内政・外政共々再興させる。具体的には、中央集権化・警察権の強化による治安維持、国立銀行の創設・商工業の振興、「ナポレオン法典」の制定等。また、対外的には、職業軍人として強いフランス外交をめざし、イギリス植民地政策に対抗する。

その最初の戦いが「第二回イタリア戦争」(一八〇〇年—〇一年)である。この戦闘でナポレオン軍は、オーストリア軍を破り、ライン左岸とイタリアの大部分を獲得する。この戦果にフランス国民は熱狂し、彼らは、ナポレオンを「人民投票」によって終身総統に選び(一八〇二年)、さらにその二年後、再度、「人民投票」で「皇帝」に推挙、皇帝ナポレオン一世が戴冠する。これは、新しいフランス国家・皇帝「ナポレオン戦争」の本格的な展開でもある。

ナポレオン軍の進撃はすさまじく、ヨーロッパの北はバルト海、南はタロアティアに至る海岸線を占拠し、ポルトガル以外の海岸線をフランスに併合し、イギリスの大陸への野望を完全に阻止することになる。また、内陸では、オーストリアへの侵攻作戦(一八〇五年)、翌年ロシア・プロシア連合軍を撃破し、ベルリンを占領、さらに、ポルトガル・スペインを征討(一八〇八年)する。しかし、彼の軍隊は、ロシア遠征(一八一二年)を境に、有名な冬将軍に阻まれ、五〇万の兵士を失い、英雄ナポレオン神話はここに崩壊する。

彼の最後の戦いは、イギリス侵攻作戦、トラファルガー沖の海戦（一八〇五年）にはじまり、ワーテルローの戦闘（一八一五年）に敗れ、一一年間、八度にわたる「ナポレオン戦争」は終る。この間、戦死者は双方約三五〇万人を数えている。

近代イギリス国家の展開と同様、フランス近代国家もまた、その理念（『宣言』）と現実との乖離は大きい。彼らは、『宣言』にいう「homme・人」としての聖なる権利・「自然権」をどのように捉え、理解していたのであろうか。

フランス革命後、新しく台頭してきた新興ブルジョアジー最大の関心は、イギリス産業革命のフランスへの実害の阻止にあった。そのためには、自らも産業革命を成功させ、経済・軍事共に強いフランスを確立し、新しい植民地を拡大しうる強い軍事力をそなえた国家へと模索する。まさにイギリスの先人達と同様、ブルジョアジーは、自らの経済的な欲望・利益のために、『宣言』の尊い理念もかなぐり捨て、人を人とも見なさない指導層へと変身する。

一方、アメリカでは、一七七五年、大英帝国の植民地から独立、翌年『独立宣言』を採択し、名実共に近代国家として出発する。その『独立宣言』は新しいアメリカの国家像・理念をこう宣言した。

「我々は、自明の真理として、すべての人は平等に造られ、創造主によって、一定の奪いがたい天賦の権利を付与され、そのなかに生命・自由および幸福の追求が含まれることを信じている。また、これらの権利を確保するために、人類のあいだに政府が組織され、その正当な権力は構成員の同意に由来する。……いかなる政治形体といえども、それらの目的を毀損する場合には新たな政府を組織する権利を有する」。

しかし、現実には、近代的な「自然権」の理念とは裏腹な負の遺産が大きく二つある。一つは、アメリカ大陸開拓史の原点、先住民・インディアン部族の生活領土を武力で侵略・強奪してきたこと。いま一つは、『独立宣言』後の奴隷制度である。とくに奴隷制度・人身売買の歴史は痛ましい。一八〇八年には「奴隷輸入禁止令」が制定されるが、当時四〇〇万人の黒人奴隷を所有する南部七州（ミシシッピ・フロリダ・テキサス等）は、この「禁止令」に猛反対し、ついに南北戦争（一八六一年―六五年）にまで発展する。双方六二万人の戦死者を出した壮烈な戦いは北軍の勝利に終り、アメリカの奴隷制度は廃止され、彼らに公民権が与えられ、彼らは一人の独立した人間と認められることになる。

こうしたアメリカの『独立宣言』の理念と南北戦争による奴隷解放は、従来のイギリス近代思想の「人類」という概念に新しい理念の一頁を加えた。それは、現実の世界において、人種・ハダの色の隔たりなく、この世のすべての人を等しく人類と認めた近代政治史の輝かしい一コマである。

「自然権」・「近代人権思想」について、いま一度整理すると、そこには、今日私達が理解している意味での「人類」という概念が存在していない。これは、その後の大英帝国の侵略の歴史、「ナポレオン戦争」、アメリカ南部七州の奴隷制の歴史が如実に物語っている。彼らには、地球上のすべての人々、つまり、普遍的な「人類」という概念・理念等どこにも存在していないことが明白となる。それゆえ、彼らの認識する人間観・人類は、当時、イギリスを中心に躍動するヨーロッパ世界や北部アメリカの人々に限定されていた。

また、この人間観の根底にはキリスト教思想も関係する。近代ヨーロッパでは、この「自然権・人権思想」の拠り所をGodに求めている。つまり、その「自然権」はGodから授けられたとする考えである。従って、その「自然権」思想では、Godを信じるキリスト者のみが人間であり、民族を越えて「人類」であった。逆に、キリスト者以外は蛮人として捉えられていた。そうでなければ、大英帝国のような大規模かつ残忍なアジア大陸侵略戦争は不可能であったにちがいない。まして、キリスト者同胞にアヘンの吸飲等、強要することは決してなかったのではないか。

しかし、このイギリス型大陸侵略にみられるキリスト教観もヨーロッパ大陸内では説明できない。大陸では宗派が異なれ、多くの民族・民はキリスト教徒である。当時のイギリス・フランスの経済的利害の対立はお互いに国家の存亡にかかわる重大事であり、その国家的利害・国家の欲望のためには、崇高な神・キリストの教えも後退していく。そうした国家間の戦闘では、キリスト教徒でも人間・人類とみなされることなく殺害される。そこには、各『宣言』が主張してきた「人・人類」といった気高い理念など、どこにも見当らない。そこにあるのは人間の欲望の性のみである。これがまさに人間そのものの本質であることを改めて自覚しておく必要がある。

それにしても、近代国家の気高い理念はなぜこのように変質したか。私はその最大の要因をこう考えている。近代国家は一部の特権階級から広く一般大衆を政治の世界へ解放した。それは、新しい大衆のエネルギーが「欲望」と「英知」をもって、現実の社会で自らの自己実現を可能とする社会を彼らに解放した。それが次の段階になると、産業革命というブルジョアジーの大きな「欲望」を満たす経済発展へと導き、さらに、彼らは、自らの人間本性・「欲望」を増幅させ、近代国家の原点・自らを解放させたその最も重要な理念・「自然権・人権思想」すらも変質させることになる。

それは、まさに、「人間の欲望」のなせる業であった。

第二章　「自然権」の全面否定——戦争と平和

第一節　二〇世紀の殺戮・その要因

私達人類の歴史は、M・ホワイトの『殺戮の世界史』[*1]によると、文明社会の登場以来、人類は、今日まで約四億五五〇〇万人の人々を殺害し、とくに私達が生きてきた二〇世紀・六一年間だけでも、二つの世界大戦、朝鮮戦争、ベトナム戦争等、約八八〇〇万人の命を抹殺してきた。私は、この世紀に生をうけ、生きてきた一人の人間として、この世紀の悲惨さだけは後世に語り残さなければならないと考えている。

第一次世界大戦（一九一四年—一八年）

まず、大戦前夜、ヨーロッパの社会的背景はこうなっている。一八七〇年以降、欧米列強はそれ

＊1『殺戮の世界史』M・ホワイト著、早川書房。なお、第一章、第二章における死者の数はこの著書を参考にした。

ぞれの植民地獲得等領土の拡張を遂行し、一九〇〇年には彼らの世界分割地図が確立する。しかし、列強間の経済的発展の不均等等により、国家間には大きな格差が生じてくる。産業革命の先発国イギリスと後発国フランス・ロシア・ドイツ・オーストリア・イタリア等の植民地をめぐる二大陣営の対立は決定的となる。まさに、ヨーロッパ社会は一発触発の最も危険な火薬庫となりつつあった。

産業革命後発国フランス、とくに、ドイツ・イタリア・ロシアに至ってはイギリスのような立地条件のよい植民地はどこにも存在しない。彼らは国家の存亡を賭して植民地争奪戦を余儀なくされる。

後発国はまず独自の富国強兵策を断行する。フランスでは、ナポレオン政権後、第三共和制が確立し、これまでの植民地政策を遂行。インドシナの他、アルジェリアへと侵攻。さらに後発国のロシアには巨額の金融投資をおこない金融面での支配を強化する。

ドイツでは、プロシアを中心に、ビスマルクが独裁的な強国化政策を遂行する。彼は、国内的には、産業の発展につとめ、国内市場の整理統合、自由貿易の促進、具体的には、ベルリン六大銀行の独占的支配の確立と重工業中心の生産力を強化。対外的には、仏普戦争（一八七〇年—七一年）に勝利、保護貿易と資本の独占化を確立する。さらに、ウイルヘルム二世の「新航路」（海外侵出政策が登場すると、対外侵略のための軍備を拡充し、それを背景に列強の一員として、アフリカ大陸の植民地獲得をはじめ、より積極的な世界分割競争に参入する。

ロシアは、農奴解放（一八六一年）を契機に資本主義への道を切り開いていくが、産業資本の蓄積が乏しく、自力で産業革命・資本主義体制を確立することは不可能であった。しかし、豊富な資源と安い労働力が先進諸国の魅力となり、フランスを先頭に外国資本が大量に投入され、主要産業は、外国に支配され、フランス・イギリスの経済に従属せざるをえない状況にあった。

産業革命の最も後発国イタリアは、ロシアと同様、自力で資本主義を確立することは困難であり、外国資本に依存せざるをえなかった。その上、国内市場も乏しく、当初から海外侵出以外に存続の道はなく、その鉾先は主としてアフリカに向けられていた。

かつての農業大国アメリカは、南北戦争以来、一八八〇年代から急速に工業国へと脱皮し、工業生産高は、三〇年前の五倍となり、世界一位となる。アメリカ資本主義も他の列強と同様、独占資本主義を確立し、フィリピン・プエルトリコ・グアム島等を植民地化し、キューバを保護国とした。

ヨーロッパ世界は、こうした世界市場争奪状況の下、二〇世紀を迎える。これまで、東アジア植民地分割闘争に大きな遅れをとったドイツは、小アジア・西南アジアに活路を求め、トルコを拠点に三B政策（ベルリン・ビザンチウム・バクダット）を推進する。この三B政策を軸に後進列強であるドイツ・オーストリア・イタリアは「三国同盟」を結成し、イギリス・フランス・ロシアの「三国協商」と対抗する。この対立は、お互いに国家の存亡を賭した大国間の大規模な植民地争奪戦へと発展し、それは、やがて多くの国家と地域をまきこむ両陣営の全面対決となり、一九一四年、「第一次世界大戦」へと突入する。

「第一次世界大戦」の本質は、すでに述べてきた植民地争奪戦というこれまでにない国家の経済的利害・欲望を剥き出しにした国家間の死闘である。その規模は、人類がかつて経験したことのない戦死者八五〇万人、民間人の犠牲者六六〇万人という殺戮戦争となる。

その発端は、パン・スラブ主義者・セルビア人青年によるオーストリア皇太子暗殺事件（サラエボ事件・一九一四年）にはじまる。オーストリアはセルビア政府の責任を追及し、ドイツの支持の下、セルビアに宣戦布告する。一方、セルビアを支持するロシアが参戦すると、ドイツがロシアとフランスに宣戦する。この戦争は、内陸ではドイツ・フランスの西部戦線とドイツ・ロシアの東部戦線が主戦場となり、海上では、イギリス艦船とドイツ潜水艦・Uボートの闘いとなる。

ドイツ軍は、西部戦線でベルギーの中立を侵し、フランスに侵攻するがパリ近郊・マルメの戦いで敗れ、国境を挟む長期間の悲惨な塹壕戦となる。一方、東部戦線では、ロシア軍の侵入を阻止し、ポーランド・リトアニアを占領するも、一進一退の膠着状態となり、長期消耗戦へと突入する。それは、双方同盟国の市民、植民地の住民を含む総力戦となり、解決への手掛りすら見えない戦況となっていく。

また、海上では、イギリス海軍の海上封鎖作戦によって、ドイツ側への物資の供給が止まり、ドイツは、一層窮地に立たされ、当時の国際法に反して、中立国の商船を攻撃対象とした潜水艦・Uボートによる無差別な攻撃作戦を敢行する。イギリスの豪華客船・ルシタニア号の魚雷攻撃による沈没事件（一九一五年・死者一二〇〇名）は有名である。こうした行為に対して、これまで無干渉主義を通してきたアメリカが参戦（一九一七年）、戦局は一変する。まず、イタリア・ブルガリア・トルコの戦線離脱、その一ヶ月後、ドイツ・オーストリア・ハンガリーが連合軍に降伏。さらに、ドイツ国内の反戦ストも加わり、戦争継続は不可能となり、ウイルヘルム二世は退位し、「第一次世界大戦」は終結する。

「第一次世界大戦」の悲劇は人類がこれまで経験したことのない四年間で死者一五〇〇万人を数えたことである。その原因は多々指摘されている。①それは、戦場そのものが広範囲にわたったこと、そして、双方の動員兵士は約六五〇〇万人にのぼっていること。②各当事国の利害関係にともなう国家間の同盟の契りによって参戦国が六ヶ国となり、さらに、それらの植民地を含むまさに世界的な規模の戦争へと拡大させていったことである。③科学技術の発達によって、瞬時に大量の兵士・住民を殺害しうる飛行機や戦車・潜水艦・魚雷・爆雷等の最新兵器が開発され、かつ大量生産され、広い戦場へと供給された。④それらの結果、多くの一般住民をまきこみ、その犠牲の数は、住民・六六〇万人、兵士・八五〇万人に迫る人類史上未曾有の殺戮戦争となった。

ドイツの敗北によって、大戦の戦後処理・「ベルサイユ会議」が開かれる。

そこでは、経済大国間における勝者の敗北者に対する審判が下された。ドイツは、すべての海外植民地を失い、イギリス・フランスを主たる受取り国とする天文学的な賠償金・一三二〇億マルクを支払うことになる。ドイツ経済は極度のインフレに陥り破綻する。こうした最悪の状況が、後に、ドイツ国民をして合法的にヒトラー率いるナチス・ドイツを選択させることになっていく。

また、大戦参戦国の損害は、アメリカを除いて、その勝敗に関係なく莫大であった。

ロシアは、資本主義経済そのものの基盤に乏しく、外国資本に依存せざるをえない。ロシアの国内経済は、日露戦争を境に緊迫し、国民生活は窮乏、極限状態に達していた。まさに革命への道を辿りはじめていた。ツアー政府は、当初、戦争に参戦するが長期化するにつれ、国内の経済は崩壊し、混乱は、市民・軍隊まで参加したペトログラードの暴動（一九一七年）・革命的動乱にまで発展した。亡命先のスイスから帰国したレーニン率いるボルシェビキ（革命政府）は、最初の仕事として、この大戦からの離脱を決定した。

はやばやと戦線離脱を余儀なくされたイタリアもまた、経済的には莫大な外貨負債をかかえ破綻状態にあり、さらに、インフレと大量の失業によって財政は窮乏し、深刻な社会不安を生じていた。ムッソリーニは、大戦後の混乱のなか、一九一九年三月「戦闘者ファッショ」を結成し、資本家と軍隊の支持をうけ、日常生活に苦しみ、暴徒化しつつあった労働者と農民を武力で弾圧する「ファシズム国家」（全体主義国家）の確立を試みた。この新しい理念は、後のドイツ・ヒトラーのナチズムや日本のファシズムを台頭させる規範となる。

また、戦勝国イギリスとフランスも大戦による損害は計り知れない。

イギリスはこれまでの大英帝国の地位を完全に失った。戦争による船舶の被害、ヨーロッパ市場の購買力の低下、アメリカと日本の資本主義・工業化の台頭、さらには、イギリス植民地における資本主義の発達、その保護関税引上げ等の諸事情によって、戦後のイギリス経済は大混乱する。一九二〇年、失業者の数は一〇〇万人をはるかに超えていた。

一方、フランスは、ドイツから奪ったザール地方の鉄・石炭等の新しい資源が工業の復興に多大な役割を果したが、戦争によるインフレの進行は市民生活を圧迫し、ドイツからの賠償金を頼りにしなければ、大戦中の軍事出費と国土の復興費を自力で償うことはできなかった。

この世界大戦の重要な教訓は二つある。

一つは、従来の列強が資本主義体制を維持するためには、それぞれの国家が国家の存亡を賭して独自の市場確保を主張し、従って、市場をめぐる国家間の武力衝突は必然的な結果であった。つまり、市場の獲得競争が戦争の必然性、あるいは可能性を生じさせること。この問題に、欧米列強はどのように対峙するか戦後の最重要課題となる。

いま一つは、弱小列強の生き残りを賭け、彼らは、ソビエトのように、従来の体制を維持しえなく、革命の洗礼をうけ、共産主義体制へと変革を余儀なくされるか、さもなくば、イタリアのように、国力を国家権力の一点に結集し、強力な全体主義国家体制を確立することによって資本主義体制を維持するという選択に迫られることになる。そしてこの教訓は、一九三〇年代の経済恐慌によって日本を含むイタリア・ドイツ国家の意志決定において、ナチ・ファシズムの国家形成に重要な役割を果すことになる。

第二次世界大戦（一九三九年—四五年）

「第二次世界大戦」は、さきの「第一次世界大戦」の悲惨な反省もなく、わずか二〇年後、同じ欧米列強が植民地市場を求めて死闘を演じた人類史上最大規模の戦争である。それは、天災ではなく、人類の人為的な行為によって、わずか六年間で兵士二〇〇〇万人、民間人四六〇〇万人を殺戮した空前絶後の悲劇となる。

まず、この大戦に至る社会的背景、その根底に潜む資本への「欲望と理性」のメカニズムのすさまじい現状を概観する。

「第一次世界大戦」の終結から約一〇年、ヨーロッパ経済は、その廃墟から回復し、戦前の工業生産をはるかに上回るまでに成長した。しかし、人類は資本主義経済の基本的なメカニズムに致命的な落し穴があることに直面する。

「第一次世界大戦」前に比べ、戦後の国際経済は複雑となる。まず、資本主義経済を全面的に否定する共産主義国家が成立した。従来の列強にとって、自らの経済体制を全面的に否定するこの共産主義は受容しがたい敵対関係にある。列強の資本への強い欲望は、一方では、ソビエトを敵にまわし、その同調国を生み出さないように、他方では、同じ体制内の列強諸国と敵対しながらも自国の存亡を模索しなければならない状況に直面する。

こうした新しい国際関係の下、資本主義の新しい担い手は大英帝国からアメリカへと大きく変化する。戦後の経済復興はアメリカ資本に全面的に依存し、その過程で、アメリカ資本主義は急成長し、その構造・規模もまた巨大化した。いまや、その生産規模はかつてのヨーロッパ列強の比ではない。さらに、ヨーロッパ列強の経済復興、日本その他の後進国の飛躍的な台頭も重なり、世界の資本主義の構造は、大戦前にもまして、より苛酷な競争を余儀なくされていく。それは、戦争による工業技術の発達、戦後の産業合理化、生産能率の向上等一新された資本主義生産様式における世界的規模のフル稼働の結晶を意味するものであった。

このフル稼働から一〇年、ヨーロッパ社会が復興し安定期に向うや、大量生産に対する消費市場の機能は限界をきたし、社会的な生産過剰の兆候が表れ、生産部門は徐々に後退し、失業者の増大・企業の倒産が増加し、欧米社会は大混乱する。

一九二九年一〇月二四日、一週間前まで好況であったニューヨーク市ウォール街の株価が急落し、その五日後には取引停止という最悪の事態となった。これを契機にすべての経済分野が破綻し、金融機関の閉鎖、物価の暴落、企業の倒産、失業者の急増とこれまでの戦後景気は一夜にして崩壊し、アメリカ資本は大混乱に陥った。

この恐慌はアメリカ一国の問題ではなく、共産主義国家ソビエトを除く、アメリカ資本とかかわりをもつ資本主義国家のすべてが連鎖的にこの恐慌の洗礼をうけた。この恐慌は四年間つづき、この間、資本主義国の工業生産は半減し、物価は二分の一にまで下落した。その上、世界の失業者は三五〇〇万人から五〇〇〇万人という莫大な数に達している。

アメリカ資本による経済復興をはかってきたドイツはこの恐慌の影響を直接うけることになる。ドイツでは五〇〇万人にのぼる失業者を生みだした。この空前の失業者をかかえた恐慌下のドイツは政治勢力が共産党とナチス党の二極に分解生成され、国民の一人ひとりは国家体制の選択を迫られることになる。労働者階級はロシアの選んだ道を、独占資本家はイタリアの道を選択した。

独占資本家と軍部は、共産主義勢力の拡大を極度に恐れ、共産主義運動を弾圧し、武力による恐慌の打開を求め、ヒトラー率いるナチス党を積極的に支持した。

ナチス党は一九三二年の総選挙で第一党となった。その選挙における主たる公約は、①多くの失業者に対して、いますぐに仕事を与えること。②ベルサイユ条約の賠償金を破棄する。天敵・フランスを打倒し、ザール炭鉱を奪還する。③ソビエト連邦の領地を獲得すること等であった。職を失い、極貧にあえぐ多くの労働者大衆はこの目先の甘いスローガンにとびついた。その結果、ナチス党は大勝利し、翌年、ヒトラーは内閣を組閣。ヒトラーのナチス政権は、当時、最も進歩的な憲法として評価されていた「ワイマール憲法」の下、合法的に成立した。

　ヒトラーが政権の座につくや、彼は、非常事態を宣言し、「授権法」（全権委任法）を発動して「ワイマール憲法」の機能を停止し、言論・出版・表現の自由を剥奪、共産党の弾圧に乗りだし、社会民主党やその他の政党の活動を禁止した。その一方で、彼は、独占資本家ならびに軍部と結託して、公約通り、多くの失業者を軍需工場と軍隊に吸収し、ベルサイユ条約を正式に破棄した。さらに彼は、一九三五年三月、再軍備を宣言して徴兵制を復活させた。

　ヒトラー・ナチズムの登場とドイツの復興はヨーロッパ列強を震撼させた。最も恐れた国はフランスとソビエトであり、両国は直ちに「相互援助条約」を締結する。一方、イギリスは、ナチズムよりも共産主義・ソビエトを恐れ、ナチス政権を反共産主義最大の防波堤とみなして妥協的となり、同年六月には「英独海軍協定」を結ぶほどであった。このように、ヨーロッパ各国の目先の利害はナチズムに対する統一戦線の足並みを乱していくことになる。

　このヒトラー・ナチス政権の台頭は「持てざる国々」に対して多大な影響を与えていく。「持てざる国々」にとって、この経済恐慌から植民地をもたずに活路を見い出すことは不可能であり、それらの国々の国家欲望が自国の活路を武力による世界再分割への道を求めていくとしても不思議ではない。こうした同じ国家利害から侵略政策を模索していた日本とイタリアはドイツと結束し、一九三六年、日本はドイツと「防共協定」を結び、翌年には、これにイタリアも参加して、日・独・伊のナチ・ファシズム体制の陣営が形成されていく。

　この陣営に対して、イギリス・フランス・アメリカは「持てる国」として共通利害の下、結束し、武力侵略に対する戦争の準備を積極的にすすめ、ナチ・ファシズム陣営に対抗する姿勢を明白にした。この二大陣営の対立は、資本主義列強の世界市場再分割を求める、いわば、「第一次世界大戦」の延長戦のような性格をもつようになる。にもかかわらず、イギリスとフランスの立場は複雑であった。彼らは、ナチ・ファシズム陣営の侵略目標がソビエト共産主義や革命・民族運動の抑圧に向うことを最後まで期待していた。

こうした国際関係の下、「スペイン内戦」（一九三六年―三九年）が勃発する。この内戦は、本来、両陣営の代理戦争ともいうべき闘いであったが、イギリスとフランスは消極的であった。スペインでは、この恐慌下に自由主義政党、社会党、共産党などからなる人民戦線連合政府が成立した。これに対して、前参謀総長・フランコ率いる軍部は、新政府の打倒を試み、本土の各地で武装蜂起し、スペイン全土が内乱状態に陥っていく。ドイツ・イタリアの連合軍は、フランコ率いる反乱軍を援助し、武器、軍隊を供給した。なかでも、ドイツ空軍・最新鋭爆撃機によるゲルニカ村の攻撃は有名である。爆撃機による都市破壊と市民への無差別攻撃は人類史上はじめての出来事であった。ピカソは、この無差別爆撃について、その悲惨さと怒りをこめた大作「ゲルニカ」（一九三七年）を発表し、世界に訴えた。そして、この都市爆撃は、今後の戦争の基本戦略として、空軍中心に考えざるをえないほど効果をもたらした。

一方、イギリスやフランスは、これらの軍事行動を黙認し、両国と対決する姿勢を示さなかった。ただ、ソビエトだけが人民政府への援助を世界に訴え、各国の知識人や社会主義者たちは、国際義勇軍を結集し、人民政府を支援して戦った。しかし、結果は、ドイツ・イタリアの援助をうけたフランコ軍が圧倒的に優勢で、一九三七年、フランコ軍はスペイン全土を制圧し、軍事政権を確立した。

「スペイン内戦」に象徴されるように、イギリス・フランスは最後までドイツの鉾先がソビエトに向うべく淡い期待をもって画策した。一九三八年九月、英仏独伊・四ヶ国首脳によるミュンヘン会議は、ドイツのチェコスロバキア侵略を認め、さらに、「英独不可侵共同声明」と「仏独共同声明」は英仏独伊の反ソ四国協商を意味するものであった。

しかし、事態は急変する。翌一九三九年四月、ドイツは、「英独海軍協定」を一方的に破棄し、その一方で、東西二面戦争の同時進行を避けるために、「独ソ不可侵条約」を結ぶことになる。これによって英仏の対ドイツ宥和政策は完全に破綻し、両国は対ドイツ戦争を本格的に準備せざるをえなくなっていく。

一九三九年九月一日、ドイツはポーランドに電撃戦をもって侵入し、九月三日、イギリスとフランスはドイツに宣戦した。ここに人類は「第一次世界大戦」を上回る殺戮戦争に突入する。この戦争がまさか六六〇〇万人の人々を殺し合う世界大戦になるとは誰一人想像だにしなかった悪夢が正夢となって現われた。

ポーランドを掌握したドイツは、翌年四月、デンマーク・ノルウェーに侵攻し、さらに、中立国、ベルギーとオランダの国境を突破してフランス国内に攻めいった。六月一四日、パリが陥落し、フランス政府は降伏した。ドイツのすさまじい侵攻作戦の成功とイギリス・フランス軍の弱体ぶりをみて、非交戦を宣言していたイタリアも参戦した。

西部戦線で圧勝したドイツはその本音ともいうべき鉾先をソビエトに向けた。同年一一月、ドイツは、ハンガリー・ルーマニア・スロバキアを制圧し、これらの国を「三国同盟」に加入させ、つづいてユーゴスラビアを征服した。一九四一年三月、ブルガリアを「三国同盟」に加入させることによって、ドイツのバルカン政策は完了する。ついに、ドイツは、同年六月「独ソ不可侵条約」を破棄し、ソビエト領内に侵入した。ドイツ軍は、モスクワへと迫っていくが、ソビエト軍の抵抗と冬将軍の前に進撃を阻止され、ヒトラーのソビエト領土への野望は砕かれた。また、ヒトラー政権は、占領地を含む全ドイツ領内のユダヤ人虐殺・ホロコースト作戦（一九四二年）を展開し、ユダヤ人五五〇〇万人の命を抹殺した。これは人類史上例をみない最も悲惨な殺人行為となる。

一方、東洋では、日本の独占資本がこの経済恐慌から脱出すべく軍部と一体となり、中国大陸に市場を求めていく。日本軍は満州事変（一九三一年）を画策し、政府は、「国際連盟」を脱退（一九三三年）、その四年後には日中戦争へと発展する。従来、日本経済は、天然資源に乏しく、とくに石油などアメリカに依存しなければならず、それだけに、日本の経済（独占資本）は国家の存亡をかけて工業資源の豊富な中国ならびに東南アジアへとその活路を求めざるをえなかった。さらに、ヨーロッパ戦線におけるフランスとオランダの敗北は日本の独占資本の南進（フランス領植民地）にまたとない機会を与えることになる。

一九四〇年九月、第二次近衛内閣は、「大東亜新秩序」の建設をスローガンに「日独伊三国同盟」を締結し、フランス領インドシナ北部を占領し、さらに、オランダ領東インドへと侵出した。日本の侵略に対して、アメリカは、対日輸出の制限強化、対中国援助をもって挑んできた。さらに、一九四一年七月、日本のフランス領インドシナ南部への侵出に対し、日米関係の悪化は決定的となり、アメリカは対日石油の輸出を全面的に禁止した。

同年一〇月、東条内閣が成立し、日本は、一九四一年一二月八日、ハワイ真珠湾攻撃をもってアメリカに宣戦した。「第二次世界大戦」の舞台は、東西ヨーロッパから中国大陸、さらには、太平洋地域へと拡大され、戦争の規模は「第一次世界大戦」の比ではなくなった。

戦争の拡大とともに、アメリカはイギリスをはじめ経済体制の異なるソビエトへの援助を本格的に開始。一九四二年一月、英米ソなど二六ヶ国は国連軍を結成し、反撃を開始する。

ヨーロッパ戦線では、まず最初にイタリアが敗北する。その後、ヨーロッパの主戦場はスターリングラードとなったが、ドイツ軍は冬将軍とソビエト軍の猛攻にあい、三〇万人のドイツ軍は全滅する。これを契機にドイツ軍の戦略は失敗し、後退を余儀なくされる。一九四四年になると、連合軍のドイツ本土への爆撃が本格化し、第二次世界大戦史上最大の作戦・「ノルマンディー上陸作戦」を敢行した連合軍は、ベルリンを目指して進撃、ドイツ軍は激減し、ヒトラーは自決してナチス政権は崩壊した。

また、太平洋戦線でも、ミッドウェー海戦を契機に日本の戦況は一変する。とくに、一九四四年末からアメリカ空軍の日本本土への都市爆撃が本格化する。翌年七月、米英ソの首脳は、ベルリン郊外のポツダムに集まり、「対日ポツダム宣言」を発表して日本の無条件降伏を勧告した。さらに、広島（死者一二万人）と長崎（死者四万九〇〇〇人）への人類史上最初の原子爆弾の投下とソビエトの対日宣戦とによって、日本は「ポツダム宣言」を受託し、これをもって「第二次世界大戦」は終結した。

「第二次世界大戦」は、人間を虫けら同様に扱う戦争の悲惨さについて、簡単に総括しえないほど多くの教訓を私達に残している。

私達人類は、この人為的な殺人行為としてお互いに六六〇〇万人の人々を殺害した。これは疑う余地のない歴然たる事実である。

そもそも戦争とは、いかなる戦闘といえどもルールなき、仁義なき殺人行為である。そこには、殺すか殺されるか、その根底において「正義」など存在しない。存在するのは「生と死」の感情のみである。ノルマンディー上陸作戦、レニングラードの攻防戦、沖縄本島決戦等、その闘いの一コマ一コマは、私達の魂を戦慄させる光景そのものである。しかし、「第二次世界大戦」は、こうした戦場以外の日常的な市民生活の場において、戦場以上に残酷な殺人劇を演じてきた。爆撃機による数えきれない数の大規模な都市爆撃もそうであるが、人類として心から恥ずべき大量殺人行為として、ユダヤ人絶滅「ホロコースト作戦」、二度にわたる「原子爆弾投下作戦」は別格である。

「ホロコースト作戦」（一九四二年―四五年、犠牲者五五〇〇万人）について概観する。

ナチス・ドイツは、戦時体制の基本政策として、征服地の民族・住民を問わず安い労働力として強制労働に就労させた。その数なんと一〇〇〇万人以上におよんでいる。逆に、労働力に値しない人々（同性愛者・エホバの証人・フリーメーソン・精神病患者等）は容赦なく抹殺した。

しかし、ユダヤ人抹殺・「ホロコースト」は別格である。その理由は多々ある。①その大前提はドイツ国民を戦闘的なナショナリストとして育てること、そのためには身近な仮想敵対要因を設定する必要があった。②その最適な対象がユダヤ人となる。その主たる理由として、彼らは伝統的なキリスト教に対する根強い異教徒であること。また、彼らが金融界やマスコミの世界を支配し、それが今回の経済恐慌の原因となり、従って、彼らはゲルマン民族最大の敵である。③この悪しき血統が優秀なゲルマン民族の血に混入されることは許されない。④こうした疑似的恐怖をまことしやかに流布し、民族差別を通してゲルマンの選民思想・ナショナリズムを煽る格好の材料として、ユダヤ人をドイツの支配する社会から抹殺することになる。

ヒトラーは、戦争前夜からユダヤ人に暴行し財産を奪うなど、ユダヤ人狩りを大々的に扇動してきた。それがユダヤ人撲滅作戦・「ホロコースト」(holocaust・燔祭(ハンサイ))として本格化するのは一九四二年頃である。

「ホロコースト」とは、本来、ユダヤ教の供犠で神前に供える獣の丸焼きのことである。ヒトラーはこの燔祭をユダヤ人撲滅作戦に例え、ユダヤ人・老若男女を問わず、ドイツ本土はもちろんヨーロッパの占領地から草の根を分けて捜し出し、効率よく殺害するために毒ガス(シアン化水素)室へ送ることになる。

しかし、その道程は人間のなす業とは思えないほど残忍なものであった。

一九四二年の中頃から、ヒトラー政権は国内のユダヤ人狩りを本格化する。その手法は、ドイツ帝国の民族浄化運動の理念の下、まず、地域・各都市に住むユダヤ人の戸籍・住民票を確認する。そして、彼らは、戦争を遂行する戦闘的社会の害になるという理由で、まず、各都市の一ヶ所に強制移住させられる。そこで彼らは、財産のすべてを剥奪され、完全に封印された有蓋貨車にて有名なアウシュビッツやトレブリンカ等の高圧電線の張りめぐらされた強制収容所へ輸送されていく。

彼らの悲惨な運命はここで決定される。ユダヤ人がこの強制収容所に到着するや、彼らは強制労働に耐えられる肉体であるか否か選別され、まず耐えられない老人・子供・身体障害をもつ人々は即刻処刑される。その場合、最初は銃殺による手法を用い、その大量の死体処理は次は我が身となる健康なユダヤ人の仕事であった。この方法は、大量の銃弾を必要とすることから、より合理的な殺害方法として、かの有名な毒ガス室処理が開発され、一〇〇万人単位のユダヤ人がこのガス室の犠牲となっていく。

さらに、ヒトラー政権は、侵略地のユダヤ人狩りを国内の手法と同じく強制する。この犠牲者の数は、わずか一年の間に、トレブリンカ強制収容所・八〇万人、ベルゼック強制収容所・六〇万人、ヘウム強制収容所・三三万人、ソビボル強制収容所・二五万人、最も代表的なアウシュビッツでは三年間で一一〇万人がガス室で命を絶つことになる。

重要なことは、このユダヤ人殲滅「ホロコースト」政策に同調したドイツの同盟国も少なくなかった。その責任は共犯国として決して軽くない。

同盟国のなかでも、クロアチアとルーマニアはヒトラーのこの政策に進んで協力した。彼らは、自国に強制収容所を建設し、現地に住むユダヤ人をドイツ国内と同じ手法で毒ガス室に送り殺害した。一方、同盟国でも、ブルガリア・フィンランド・ハンガリー・イタリアはこの政策に自ら手をくだすことはしなかった。しかし、これらの国は、自国に住むユダヤ人の戸籍を整理し、職業等日常生活のさまざまな領域で差別した。また、外国から逃れてきたユダヤ人に対しては、入国を拒否し、ヒトラー政権の支配する諸国へと強制送還した。これらの国家行為は共犯国として同罪である。

しかし、三国同盟の一員でありながら、当時、ヒトラーの作戦を無視し、六六〇〇人のユダヤ人の命を救った一人の外交官がいた。日本のリトアニア共和国カウナス領事館領事・杉原千畝である。彼は、多くのユダヤ人の国外脱出を助け、日本への入国ビザを発給し、多くのユダヤ人の命を救っている。当時、外務省のビザ発給条件は、旅費、滞在費の所持、保証人等を必要とした。彼は、外務省令違反を承知の上、こうした条件を満たさない多くのユダヤ人にビザを発給しつづけた。まさに、外交官として命がけのユダヤ人「命のビザ」発給であった。彼らの多くは、モスクワからシベリア鉄道でウラジオストックへ、さらに航路で敦賀港に入国し、日本在住希望者以外の人々は、再び、敦賀港や横浜港から希望する国々（アメリカ・ブラジル・中国等）へと移住した。

そうした戦時下の異状事態の下とはいえ、兵士という戦闘の当事者ではなく、一般市民・老若男女を問わず、正当な理由もなく、ただユダヤ人の血が流れているというだけで、五五〇万人の命を残酷・卑劣きわまりない方法で殺戮した事実は永久に風化させてはならない。そして、私達は、人類のこの愚かさに対峙し、人類はどこまで愚かな存在者であるか、問いつづけなければならない。

いま一つ、「第二次世界大戦」を代表する大量殺戮作戦は広島・長崎への原子爆弾の投下である。原子爆弾は、一九四一年、時のF・ルーズベルト大統領承認の下、開発研究が本格化する。一九四五年七月一六日、ニューメキシコ州アラモゴード砂漠で最初の核爆発実験が成功し、その二〇数日後の八月六日と九日、トルーマン大統領は広島（四二万都市）と長崎（二七万都市）への投下を命令する。この原子爆弾は、ウラン一キログラムで通常火薬の約二万トンに匹敵する破壊力をもち、約四〇万人前後の都市を一瞬にして廃墟と化してしまうほどの力をもつ。

一九四五年八月六日、一機のB‐29爆撃機が一個の原子爆弾を広島に投下した。その炸裂の瞬間、四〇万都市・広島の街並みは、一二万人の住民共々、この世から一瞬にして消失した。さらに、その三日後、長崎にも投下された。わが国キリスト教伝来の聖地・長崎の街並みも五万人近い人々とともに一瞬にして廃墟となった。

この二つの都市の人々は、その炸裂の瞬間から、まさに生地獄をさまようことになる。放射熱線を直接全身に浴び、全身黒こげになって息絶えた人々。放射熱線を部分的にうけ、全身高熱に被われ、水を求め川に入水し亡くなった被爆者。また、放射熱線によるケロイド症状に苦しみながら、白血病等の闘病生活を強いられてきた人々。さらには、爆心地から数キロ離れ、一命をとりとめた人々もまた、多量の放射線を浴びた影響で癌等、さまざまな後遺症に苦闘しながら逝った人々。いまなお身体的・精神的に苦しみながら老後を生きている人々。彼らの痛切な叫び、「私の心は、毎日八月六日、親に会いたい、悲鳴をあげながら亡くなっていた兄弟に会いたい」という思いにこの悲劇のすべてが濃縮されている。そして、こうした地獄の底からの叫び声がまさに原子爆弾の悲惨さのすべてを語っている。なお、原子爆弾の後遺症を含むこれまでの犠牲者は、広島で約三〇万人以上、長崎で約一五万人以上となっている。

連合軍・アメリカは、第一次世界大戦後、国際的に使用禁止されていた「毒ガス」以上の殺傷能力をもつ原子爆弾の実戦使用をなぜ決意したか、重要な問題である。

人類史上、最初のこの狂人兵器・原子爆弾の投下を命じたのは、ヒトラーのような一人の狂人独裁者ではない。アメリカ国民の総意として民主的に選ばれたトルーマン大統領であった。彼の投下命令の理由・弁明は、一日も早く太平洋戦争を終結させること、一人でも多くのアメリカ軍兵士の命を守るという大義名分であった。また、その背景には、沖縄戦を経験した軍上層部の「いまや日本には市民はいない。そこには兵士のみが存在する」という証言（一九四五年八月）も残っている。

当時の戦況はどうなっていたか、一九四五年八月の対戦国・日本の戦闘能力は皆無に等しく、敗戦は時間の問題であった。日本は、本土上空の制空権すらなく、グラマン戦闘機やB-29爆撃機の低空飛行を可能としていた。また、日本近海の制海権もなく、沖縄本島にすら援助物資を運ぶことも不可能な状況にあった。さらに、国内でも、軍司令本部と支部連隊との連絡すらとだえ、本土決戦にそなえた命令系統すら満足に維持・機能していなかった。つまり、実質、白旗を掲げているのと同然の日本に、トルーマン大統領は二度にわたる原子爆弾の投下を命令した。投下理由がどうあろうと、この是非は歴史の審判を待つことになる。

さらに、私はこの原子爆弾の使用について一つの疑問を抱いている。それは、原子爆弾の研究開発者を含む科学者（原子物理学者）、そして、政治指導者や軍の最高幹部の人々がこの原子爆弾による身体への後遺症を含む多様かつ甚大なる被害の予測について、どこまで正確に認識していたであろうか。もし、彼らがここまで悲惨な状態を生みだすとは想定していなかったと弁明するならば、この原子爆弾の使用は、間違いなく約四五万人以上の市民を対象とした人体実験に他ならない。その罪の重さは計り知れない。
そして、人類はどこまでこの核兵器の悲惨な戦争から殺戮の無意味さ、はかなさを学ぶことができるであろうか。原子爆弾・水素爆弾は、いまなお、世界におよそ一万四〇〇〇発以上存在する。[*2]
核なき世界を求めて、世界中の心ある多くの人々が核兵器廃絶の運動を展開しつつあり、「国際連合」もまた「核兵器禁止条約」を発効すべく努力している（二〇二一年一月発効）。私達にかすかな希望を与えていることも、また事実である。

朝鮮戦争（一九五〇年—五三年）

さらに人類の愚かさはつづく、前人未踏の犠牲者をだした「第二次世界大戦」のわずか五年後「朝鮮戦争」が勃発する。
「第二次世界大戦」後、世界は大きく変貌した。
①かつての植民地支配に基づく欧米列強中心の経済体制は根底から崩壊した。アメリカをのぞく戦勝国、イギリスやフランスもまた、その衰退は顕著であり、これまで獲得してきた植民地と海外投資のほとんどを失うことになる。

＊2「ストックホルム国際平和研究所」（二〇二〇年一〇月）によると、世界の核保有数は一万三八六五発。その内訳は、アメリカ五八〇〇発、ロシア六三七五発、中国三二〇発、フランス二九〇発、イギリス二一五発、インド一五〇発、イスラエル九〇発、北朝鮮三〇—四〇発となっている。

②従来の経済体制の崩壊にともなう旧植民地、インド・パキスタン・セイロン等の独立である。さらに、これを契機に独立を目指す民族運動が高まり、中国・ベトナム・インドシナ・フィリピン等の国々は、日本のファシズムの侵略に対する抵抗運動を通して、民族解放運動を展開し、独立国家を形成する。また、中近東諸国も、多くの国々がイギリス・フランスの支配から独立し、アラブ世界を結成した。

③新しい超経済大国の台頭としてアメリカ資本主義のドルの支配がはじまる。それはドルによる戦後の新しい「自由主義・経済陣営」の形成である。

④その一方、最も大きな変化は共産主義国家の台頭である。それには三つの類型がある。一つは、ベトナムや中国のように、植民地支配やファシズムの侵略から民族解放運動・独立運動を展開する過程で「共産主義国家」を樹立した型。いま一つは、チェコスロバキア・ポーランド・ハンガリー等東欧七ヶ国に代表されるソビエト軍を主力とする連合軍によってナチス・ドイツから解放され、共産主義国家を樹立した国。第三の類型として、ドイツや朝鮮のように、一つの民族が共産主義と自由主義経済陣営とに二分された国家の登場である。

⑤こうした新しい世界情勢の下、ソビエト・中国に代表される共産主義国家が戦後の国際社会を二分するまでに成長し、両陣営の新しい市場をめぐる経済対立の「冷たい戦争」へと発展する。その「冷戦」はついに「熱戦」となっていく。「朝鮮戦争」と「ベトナム戦争」である。

「朝鮮戦争」は、ソビエトの革命指導と中国・毛沢東の民族独立解放運動の強い影響・指導をうけた北朝鮮とそれを阻止する自由主義経済陣営アメリカ・南朝鮮との対決である。

その本質は、国家の経済的利害について、お互いに絶対受容しえない対立であった。具体的にみると、中国には、その周辺国が自国の衛星国として中国を守り、中国の共産主義を強固な国家に仕上げていくという大前提がある。それは中国の経済的市場の新しい確保と拡大につながっていく。また、ソビエトも独自の立場があった。まず、ソビエトは、ヨーロッパの戦後処理におけるベルリン封鎖失敗を回復すること。次に、共産主義のリーダーとして、毛沢東に対するソビエト共産主義の影響力を固持する国家的野望が存在する。一方、アメリカ陣営には、アメリカ資本主義の命運を賭して、自由主義陣営の経済市場を共産主義陣営から死守し、これ以上ドミノ的に共産主義陣営を拡大させないという国家の至上命題がある。従って、この「朝鮮戦争」は、まぎれもなく、アメリカ資本主義とソビエト・中国という共産主義大国との新しい経済利権をめぐる代理戦争そのものであった。

こうした両陣営の状況の下、「第二次世界大戦」後の朝鮮半島の統治について、アメリカは朝鮮半島の共同占領を主張し、半島は三八度線を境にソビエトとアメリカに分割された。

北朝鮮は、金日成を中心に共産主義化を遂行する。彼は、戦前ソビエトに逃れ、革命闘争の訓練の下、日本軍に対するパルチザン活動を指導し、ソビエトの対日参戦と共にソビエト軍の大佐として北朝鮮に侵入、革命運動に邁進する。一方、アメリカの支配下にある南朝鮮は李承晩を大統領に据え統治する。両陣営はお互いに相手を牽制しながらも大事には至らず、一九四八年後半、ソビエト軍は撤退、その翌年アメリカ軍も撤退する。この時点で、両国はお互いの全面衝突を回避したことになる。

しかし、金日成は両陣営の軍隊撤収を朝鮮半島における共産主義革命の絶好の機会として捉えていた。彼は、南朝鮮（韓国）の経済復興と軍事力の強化を恐れ、スターリンと毛沢東を訪ね、革命戦争への協議をおこない、遂行の同意と協力をえる。一九五〇年六月二五日、金日成率いる一二万人の北朝鮮軍は三八度線をこえ韓国に侵入する。トルーマン大統領は、韓国の防衛を宣言し、急遽、在日米軍を韓国に派遣した。時を同じく、彼は、国際連合にも働きかけ、ソビエト欠席のもと、国連による警察権行使の承認をうけ、国連軍を結成する。

当初、米軍は苦戦を強いられ、韓国内部も大混乱する。韓国内部では、北朝鮮軍の南下とともに、共産主義を支持する左翼団体と資本主義を支持する官憲ならびに指導者集団との熾烈な殺戮が展開される。さらに悲劇はつきない。北朝鮮軍は右往左往逃げまどう避難民のなかに、兵士・工作員を紛れ込ませ、住民を盾に半島の最南端・釜山にまで進軍した。これに応戦し、進軍を防ぐためには盾となっている住民をふくむ無差別な反撃しか方法はない。この間、数一〇〇万人の人々が命を落としている。

韓国側の最後の砦・釜山まで退却した韓国軍とアメリカ軍は、マッカーサー将軍指揮の下、大反撃に転じる。

マッカーサーは、北朝鮮軍の補給路を断つために、北朝鮮軍の背後となっているソウルの港・仁川に上陸作戦（九月一五日）を強行。これと同時に、国連軍も加わった連合軍は、釜山から反撃を開始、南北から挟み撃ちとなった北朝鮮軍は急遽撤退する。ソウルを奪還した連合軍の目にした市内の光景は数万人にのぼる兵士・住民の死体の山であった。連合軍は、三八度線を越え、北朝鮮軍の首都ピョンヤンを占拠、さらに中国国境にまで北朝鮮軍を追いつめていく。この反撃作戦における犠牲者の数は約一〇〇万人。さらに、悲劇は、この間、同じ民族同士でお互いに好ましからぬ政治犯を一〇万人単位で殺害したことである。

戦闘は中国軍の直接参戦によってさらにエスカレートする。北朝鮮の軍事力に懸念を抱いた中国・毛沢東は、連合軍の中国本土への直接侵攻を恐れ、中国革命闘争の主力部隊（人民軍）を北朝鮮に派兵する。

中国人民解放軍と北朝鮮の部隊は、すさまじい勢いで劣勢を挽回し、再び三八度線を突破してソウルを占領する。しかし、彼らは、前回の教訓をいかし、補給路を確保しえない釜山への前進を断念し、ソウルにとどまることになる。この反撃に対して、連合軍は、再び軍事態勢をととのえ、三八度線まで人民軍・北朝鮮軍を後退させ、この国境をはさんで膠着状態がつづき、一九五三年休戦協定が締結される。

この戦争は、最初の一年間、朝鮮半島を南北に転戦する半島全体を戦場と化した戦闘の連続であった。犠牲者は三〇〇万人を数え、その二〇〇万人が一般市民であった。そして、彼らの大多数は銃弾ではなく、日常的な食糧不足からくる犠牲者であった。さらに、住民の悲劇は多くの離散家族（死別・別離・孤児）をだしたことである。離散者は南北総人口の五分の一・約一〇〇〇万人に達している。その上、全国の都市は壊滅状態となり、建造物の四〇％が破壊された。

休戦交渉は二年近く断片的におこなわれるが、結論はでない。両陣営の交渉は、「第二次世界大戦」後、米・ソで決めた南北の国境三八度線を確認し、双方の捕虜の扱いについて、捕虜個人の意志を尊重することにとどまった。これは、あくまで「休戦協定」にすぎず、最も重要な「平和条約」は締結されないまま今日に至っている。

「第二次世界大戦」から、わずか五年、六五〇〇万人の人々を殺害したなんの反省もなく、今度は同じ民族がお互いに三〇〇万人もの同胞を殺しあったこの「朝鮮戦争」とはなんであったか、私達はいま一度真摯に対峙しなければならない。

この戦争は、一般的に、共産主義と自由主義のイデオロギーの対立とそれに伴う経済的利害がその根底にある。しかし、人類は、理念を戦争の大義とするが、理念だけでは大規模な戦争へと発展しない。そこには理念を支える本質的な要因が例外なく介在する。それは、経済的な利害に関する欲望、つまり、資本・市場への国家に集約されたすさまじい欲望に支えられた国家利害の対立である。この「朝鮮戦争」は、二つの世界大戦の主たる原因がそうであったように、共産主義国家の台頭という戦後の新しい国際情勢の下、イデオロギーの敵対する両陣営がお互いに経済的利害を根底に据えた死闘であった。

さらに、その資本・市場への欲望の悲劇は、六年後、「ベトナム戦争」となって、さらに四〇〇万人の命を奪い、私達は人類の果てしない愚かさをみせつけられることになる。

ベトナム戦争（一九五九年―七五年）

「ベトナム戦争」の構図は、一般論として、「朝鮮戦争」の延長である。それは、共産主義思想の下、民族の解放・独立をめざすベトナムを中心とするインドシナの国々とその共産主義化を阻止するアメリカ資本主義との全面対決であった。アメリカ資本主義にとって、戦後のインドシナ情勢は朝鮮半島以上に深刻であった。つまり、「第一次インドシナ戦争」（一九四六年―五四年）でベトナム・ラオス・カンボジアの国々がフランスから独立し、さらに、民族運動がソビエト・中国の共産主義の影響をうけ共産主義化していく傾向にあった。一方、アメリカは、資本主義の新しい盟主として、このドミノ的に共産主義化していくアジアの国々を黙認するわけにはいかない。アメリカにはその市場を死守する使命を負っている。

こうした大国の経済的利害の渦巻くなか、インドシナは、二〇年間、三次にわたる血みどろの戦場となる。

「ベトナム戦争」は広義の「インドシナ戦争」の一局面である。第一次インドシナ戦争は、これまで植民地支配をうけてきたインドシナの国々のフランスからの独立である。第二次インドシナ戦争（ベトナム戦争一九五九年―七五年）はインドシナ全体の共産化を阻止したいアメリカ資本主義とベトナムとの全面戦争である。第三次インドシナ戦争（一九七八年―七九年）は、ベトナムとカンボジアの戦争、カンボジアの内戦、ベトナムと中国の対立・武力衝突をさす。

ここでは、第二次インドシナ戦争、俗称「ベトナム戦争」を中心にその悲劇と非人道的なアメリカ軍の戦略を概観する。

第一次インドシナ戦争の終戦会議・「ジュネーブ平和条約」では、①フランス軍の撤退、②当面一七度線以南はバオ・ダイ・ベトナム軍、以北を民主共和国人民軍の拠点とする。③国際監視委員会の下、一九五六年七月に統一選挙を実施すると決められている。

この決定に基づいて、南ベトナム（ベトナム共和国）ではゴ・ディン・ジェムが大統領に就任する。彼は、北ベトナムを中国・ソビエトの衛星国とみなす政策でアメリカの積極的な軍事・経済援助をうけ、南ベトナムを統治する。しかし、大統領の独裁体制に対し、また、大統領一族の利権独占と汚職に対し、都市の知識人や農民が猛反発、大統領打倒をめざす「南ベトナム解放民族戦線」を設立、政府軍と正面衝突するまでに発展する。

一方、北ベトナム（ベトナム人民共和国）は、ホー・チ・ミンが大統領に就任し、基本政策として、土地改革による小作人（農奴）の解放、合作会社を設立し、経営を通して土地の国有化、私有財産の制限、平等な再分配等の共産主義政策を遂行した。

また、アメリカの基本戦略は、アジアにおける共産主義化のドミノ的展開を防ぐこと、これこそアメリカ資本主義経済の至上命題であり、そのためには、国家の威信を賭して共産主義陣営と全面的に対決せざるをえなかった。

「ベトナム戦争」の第一段階（一九五九年—六三年）は、南ベトナムにおける政府軍と南ベトナム解放民族戦線との抗戦にはじまり、前者にはアメリカの大量軍事援助が、後者には北ベトナムの全面支援の態勢が形成され、やがて全面的な軍事衝突へと突入する。

「ベトナム戦争」はアメリカ軍の直接介入によって第二段階（一九六三年—六八年）へと戦闘が本格化する。

まず、アメリカ軍の支持をうけた軍部のクーデターによってゴ・ディン・ジェム政権が打倒

（一九六三年一一月）される。これを契機にアメリカ軍の軍事介入が本格化する。不思議なことに、アメリカ本土では、その同じ月の二二日、ケネディ大統領がテキサス州ダラスで暗殺される。彼は朝鮮戦争後の失墜したアメリカの威信回復のため「ニュー・フロンティア精神」を提唱するリベラルな大統領であった。対外政策でも、彼は、東西平和共存路線をとり、「部分的核実験停止条約」を締結し、キューバ危機（一九六二年）を回避し、東西の緊張緩和に努めてきた。この大統領の暗殺は、皮肉なことに、アメリカのベトナム戦争への本格的な介入の時間帯とあまりにも見事に重なっている。暗殺にかかわる決め手となる証拠はなに一つない。しかし、これは単なる偶然であろうか。

ジョンソン副大統領が大統領に就任すると、トンキン湾事件[*3]（一九六四年）の陰謀を契機に、彼は、ベトナム戦争に関する大統領権限を議会で承認させ、戦争遂行の全面的な権限をえる。これによって、これまでにない規模の北爆が大々的に敢行され、地上軍も急速に増強（一九六五年末、米軍派遣兵五〇万人）され、「ベトナム戦争」は、北ベトナムへの空爆を強化し、本格的なアメリカ主役の戦争となっていく。

具体的にみると、アメリカは、二〇〇〇億ドル以上の戦費と兵士のべ二六〇万人を投入、最高時五五万人、また、サイゴン政府軍も一一八万人を投入している。一方、北ベトナム・解放戦線側兵

＊3　トンキン湾事件は、アメリカの駆逐艦が北ベトナムの魚雷艇に撃沈された事件とされてきたが、これは架空の事件であったことが後に判明した。

士は三一万人、他に南ベトナムの反政府戦闘員一五七万人が投入された血みどろの総力戦を展開することになる。そして、この間、米軍の使用した弾薬量・投下爆弾の総量は「第二次世界大戦・太平洋戦線」のそれをはるかにこえ、史上最悪の破壊・殺戮戦争となった。

アメリカ軍の最新兵器による容赦なき猛爆に対して、ベトナム解放軍は二種類のゲリラ戦術で応戦する。一つは、村びとになりすまし、神出鬼没なゲリラ戦術を繰り返し、アメリカ軍を翻弄する。アメリカ軍は、このゲリラ戦法に対して、手段を選ばず、最も悲惨な戦術、ソンミ村のごとく、村単位の皆殺し作戦を広範囲に強行する。いま一つのゲリラ戦術は、ジャングル奥深く塹壕ならびに地下トンネルを構築し、アメリカ軍の掃討作戦をジャングルに誘導し、持久戦かつ神経戦の闘いを展開する。業を煮やしたアメリカ軍は、空からの枯葉剤を散布し、さらに、ナパーム弾(ゼリー状のガソリン)を投下してジャングル全体を焼きつくす作戦をとる。まさにアメリカにとって、「ベトナム戦争」は泥沼化した引くに引けない全面戦争となっていく。

第三段階(一九五八年―七〇年)は、この両軍の惨酷・卑劣な闘いのなか、北ベトナム軍が直接参戦する。彼らは、アメリカ軍のケサン基地をはじめ南陣営の各都市を攻撃し、戦況は逆転し、アメリカ軍はさらに窮地に追いつめられていく。

ジョンソン大統領は、これ以上のアメリカの被害を増加させないためにも、また、次期大統領選挙の年でもあり、北爆の全面停止宣言(一九六八年一〇月)を発表する。

この年、アメリカ本土では、また、重大かつ奇怪な事件が勃発する。「ベトナム戦争」が泥沼化し、アメリカ軍兵士の犠牲者が増加するなか、一九六八年の大統領選挙がはじまる。現職のジョンソン大統領は、民主党の最初の予備選挙で敗退し、平和派のR・ケネディが指名獲得の最有力候補となる。その彼が六月に暗殺される。この非常事態に、二人の偉大な指導者が抹殺された。これもまた偶然な出来事といえるであろうか。戦争推進派・「死の商人」等との関係はなかったであろうか。結局、この大統領選は共和党代表のR・M・ニクソンが大統領となる。

翌年七月、ニクソン新大統領は、アメリカ軍兵士の犠牲者の多いことを理由に、南ベトナムからの全面撤退と南ベトナム軍の強化作戦を発表する。しかし、これは、アメリカ軍の「ベトナム戦争」からの全面撤退を意味するものではなく。逆に、アメリカ軍の北ベトナムへの直接介入する戦術の転換にすぎなかった。

第四段階（一九七〇年—七五年）は、アメリカ軍の北ベトナム包囲作戦の本格的な始動であり、インドシナ全域を戦場と化していく過程である。

南ベトナムから撤退したアメリカ軍は、まず、中立国・カンボジアでクーデターを画策し、親米政権・クメール共和国を樹立、カンボジア領から北ベトナムへと掃討作戦を展開する。さらにアメリカ軍は、ラオス南部に進出、北ベトナムと解放戦線との物資の補給路を遮断する作戦を敢行する。さらに、こうした作戦と並行して、アメリカ軍は、ハノイ、ハイフォンへの猛爆を再開（一九七二年一二月）した。しかし、具体的な戦果はえられず、アメリカ軍はますます泥沼化し、退くに退けない状況に自らを追いつめていく。

ニクソン大統領は、この間、中国とソビエトの首脳と終戦について秘かに会談し、お互いに大国としての取り決めを計っていた。一九七三年一月、アメリカ軍はインドシナから全面的に撤退を開始。アメリカ軍の援助をなくした南ベトナム軍は、もはや戦闘能力を失い、臨時革命政府軍によって首都サイゴンは制覇され、無条件降伏（一九七五年四月）する。そして南北を統一した新しい「ベトナム社会主義共和国」が誕生した。

二〇世紀という殺戮戦争の世紀は軍事大国アメリカが小国ベトナムに敗北した「ベトナム戦争」をもって終る。

この世紀は私達人類に何を語りかけているだろうか。一語でいうと、この世紀は、一九世紀の産業革命がもたらした一連の負の遺産、欧米列強による血みどろの植民地争奪戦であった。その過程で、二度にわたる「世界大戦」、さらには、「朝鮮戦争」・「ベトナム戦争」は、人類最初の原子爆弾の投下、ユダヤ人撲滅ホロコースト作戦等、八八〇〇万人におよぶ人々の血を流してきた。これらの戦争は言葉では語りつくせない。

この世紀の戦争の結果、世界の政治・経済地図は大きく変る。欧米列強の植民地主義は終りを告げ、経済大国アメリカのドルの支配の神話も終焉する。そして、新しい資本主義経済体制の理念が模索される。「新自由主義」の登場である。

その理念は、従来の強力な軍事力を背景とした資本の支配から、「市場原理」を軸にグローバル化を推進する思想として姿をかえた「欲望の資本主義」の再構築・再出発であった。それは、まさに欲望に支えられた資本主義の生命力の強靭さを物語っている。しかし、この「理念」は、問題の本質・「欲望の資本主義」が二〇世紀のような戦争に至ることなく、どこまでもちこたえ、制御しうるであろうか。そして、この「理念」そのものが「人類の欲望」そのものを制御しえず破綻するとき、人類は再び二〇世紀の悲劇を再現することになるのではないか。

そして、世紀がかわっていま（二〇二二年四月）、東ヨーロッパでは、ロシア・ウクライナ問題が緊迫している。その背景は、かつてのソ連邦の一員・ウクライナがソ連邦崩壊後独立し、NATO側に急接近してきたことにある。ロシアは、NATOに対し、これ以上ロシアに隣接する東方諸国をNATOに加盟させないことを要望。NATOは、加盟について、それぞれの主権国家の意志を尊重すると反論。両陣営の対立は、その緊張の行方が一刻の猶予を許さない状況にある。

二月二十四日、ロシア軍ウクライナ領へ侵攻、主要軍事基地や市街地を攻撃、制空権を制圧したと発表。その一ヶ月後には地上軍による首都・キーウを包囲。さらに、ロシア軍は、ウクライナ東部へと侵攻、主要都市は壊滅状態にまで破壊されている。その間、わずか二ヶ月余りでウクライナの避難民は隣国ポーランドを中心に五四〇万人をこえている。

一方、NATO側陣営は、ロシアに対し、金融決裁の停止等、強力な経済制裁で対抗しているが、解決の先は見えない。この両陣営の対立は、最悪の場合、核を所有する二大陣営の対決となる。そして、プーチン大統領は、フランス大統領との会談で、その核をちらつかせている。これに対して、国連・グテーレス事務総長は「核使用の危機」を訴え、いまや、私達は核の瀬戸際に立たされている。

私達・人類は、いま一度、「自然権」思想の原点に立ち帰り、「戦争」そのものを根本的に避ける道しるべを模索しなければならない。

第二節　平和への道程――欲望の制御・永世中立・軍隊をもたない国々

こうした残忍な戦争の原因は、その九割が領土問題、つまり経済的要因であると歴史家達は主張する。私は、その背景に、それらの経済的要因を強く突き動かす衝動・「欲望」の世界が介在し、さらに理性の進化と相まって、より強力な「欲望」を増幅してきたと考えている。

その結果、この自然界で人類という種のみがお互いに組織的に殺し合う大規模な戦争という野蛮な行為を生み出していくことになる。その代表的な戦争は、ペルシャ戦争（死者・約三〇万人）にはじまり、アレキサンドロス大王の大侵略戦争（死者・約七〇万人）、古代ローマ帝国の戦い（死者・約一四〇〇万人）、モンゴル帝国の侵略戦争（死者・四〇〇〇万人）、十字軍遠征（死者・三〇〇〇万人）、ドイツ三〇年戦争（死者・約七五〇〇万人）、ナポレオン戦争（死者・三〇〇〇万人）、そして二〇世紀、二度にわたる世界大戦・朝鮮戦争・ベトナム戦争（六一年間の死者・約八八〇〇万人）等を列挙することができる。

つまり、人類はこの三〇〇〇年間に四億五五〇〇万人の殺戮を繰り返してきた。その殺戮の過程は、「原子爆弾・ホロコースト」等、人間のなす行為とは到底思えない。そこには、宗教も哲学・倫理も存在しない。人間という動物がどこまで残忍な動物であるか、そして、私達人類はこの自然界で最も愚かで恐ろしい存在者ではないか、私達はあらためて認識しておく必要がある。

人類は、この殺戮行為・戦争をどのように防ぐことができるであろうか。そこには大別して三つの方法が考えられる。一つは、本質的な方法、産業革命後から今日まで、日々増幅されてきた「欲望の資本主義」を制御すること。そのためには、私達は個々の「欲望」を可能なかぎり最小限に抑えること。これは容易ではない。永い時間を要する。いま一つは、「国際連合」を中心とした現実の政治の世界における解決策である。さらに、三点目として、各国の「永世中立」の宣言である。しかし、この政治の世界には完璧な方法は存在しないが、殺害行為を最小限にとどめる方策は存在するのではないか、考察し提言する必要がある。私は、人類が生み出した「理性」のいま一つのベクトル・そのすばらしい能力に賭して、この殺戮行為を少しでも減少させることが可能であると信じたい。

㈠　私達の「欲望」の制御である。前章の冒頭で述べてきた人類の「欲望」のメカニズムの結論から推察する。

この問題は、私達人類が自らの欲望をどのように制御しうるか、まさに、人類に突きつけられた「欲望・生と死」のトライアングルの難問と対峙することになる。しかし、この提言は人類にとっていまに始まったことではない。

禁欲思想の歴史は古い。その原点はｐ・ブリューゲルの傑作「バベルの塔」の思想的背景となっている『旧約聖書』創世記第一一章一―九に登場する。そこでは、人間の思い上がり、強欲さ、具体的には、天（神の国）にまでとどく「バベル（バビロン）の塔」の建設に対し、神の怒りが爆発する。神は作業する民の言葉を奪い、攪乱することによって建設を中止させた。Ｐ・ブリューゲルはこの「バベルの塔」を当時のユダヤ人（人類）の果てしない欲望に対する神の怒りとして表現した。

また、倫理思想としても、古代ギリシャのストア学派の禁欲思想は有名である。彼らは、欲望（富・名声等）に満ちあふれたアテネ・ポリス社会崩壊後の人類の反省として、自然界を支配するロゴス（理）の力によって人類の限りない欲望を超越すべくより日常的かつ実践的な禁欲の倫理観を提起した。この倫理観は、中世キリスト教、さらには、プロテスタントの思想に受け継がれていく。しかし、ここでは、主としてキリスト教（バチカン権力）の名の下、教会支配者による農奴達の日常的な勤勉・節約・節制が強要されてきた。その結果、彼らはモノを言う動物として位置づけられることになる。

私の提起する「禁欲」のすすめは、これまでのような個人の価値観そのものまでも規定する倫理観ではなく、また、神（教会）や権力によって上から強制される倫理観ではない。それは、戦争を防ぐための必要不可欠、かつ現実的な理念として、私達の側から権力に要請する「禁欲」のすすめである。

問題はその欲望をどのように制御するかにかかっている。しかし、今日の社会状況の下、私達の要望を可能な限り排除し、それらを制御することはなにを意味するであろうか。

現実の問題として、最大の難問は今日の世界経済活動・「欲望の資本主義」を根底から否定することになる。今日の市場経済のメカニズムの原点は、大量生産・大量消費であり、それを可能とするために、商品を求める「欲望」をかりたて、商品の生産性を高めることにある。重要なことは、そうした常識に対して、私達一人ひとりが宣伝に惑わされることなく、また、無意識のうちに潜んでいる「欲望」を人間として生きるに必要な最低限の「欲望」に自らを制御することである。

私達は一夜にして原始人の生活様式に立ちかえることはできない。しかし、私達は、日常的な生活を通して、少しでもこれまでの「欲望」を抑えることは可能である。そして、私達一人ひとりの「欲望」の制御が結果的に集団・国家の「欲望」の制御へと転化していくのではないか、私の期待する思いである。

しかし、現実には、経済的格差、絶対的貧困を強いられている民族・人々が存在する。彼らは、こうした「欲望」を抑え、節約すべき対象すら持ち合せていない。従って、私の提言は、当然、制御し節約しうる「欲望」を有する人々を対象とする。そして、この提案は地球温暖化の解決策とも重複する「欲望」の制御である。

具体的に考察する。

①一般論として、地球上の有限な資源を有効に使うこと。それは、私達の利己的な便利さ、快適さを追求するあまり、私達は、あまりにも無感覚に、また、必要以上に貴重な資源を浪費しているのではないか、反省する必要がある。

②まずは、我国を含む欧米先進国では、日常生活の電力の消費状況について、いま一度考える必要がある。私達にとって、いまの家庭電気器製品のどれをとっても便利で手放せない。しかし、私達は、そうした自らの限りない「欲望」の延長線上に、最も危険な「原子力発電」の必然性を余儀なくされてきたことも忘れてはならない。その危険性については、ソビエトのチェルノブイリや福島第一原子力発電所の未曾有の事故を想起すれば充分である。

③次の提案は、日本の場合、殆んど輸入に依存する燃料（石油・天然ガス・石炭）の節約である。その節約の対象は、一般家庭で使用する燃料であり、その用途は、乗用車・冷暖房・調理等が主力となる。

④航空網・鉄道・幹線道路等、社会資本の過剰な拡張について、今日、我国の状況をみると、地方都市への新幹線の延長、さらには、リニア新幹線の新設等、ここまで社会資本の整備・拡張が必要であるか再考することも重要である。

⑤我国を含む欧米先進国の人々は、厳しい経済格差のゆえ、満足に食しえない多くの人々や「難民」が存在するかたわら、全体的にみると、飽食の時代に生きている。私達にとって重要なことは、なによりもまず、有限な食料資源を大切に調理し食することである。そして私達一人ひとりが必要以上に食への「欲望」を抑えるならば、国家の「欲望」も当然、必要以上に海外へと食材を求め侵出することもなく、結果的に対外的なあらゆる摩擦を制止しうることにもつながっていく。

しかし、現実にこうした「欲望」の制御が社会的規模で展開されるようになると、今日の市場経済は、購買力が低下し、世界的な規模で大混乱する。従って、こうした「欲望」の制御・消費の節約等は、資本主義経済体制にとって、全く馬鹿げた主張であると一蹴される。にもかかわらず、私達の歴史は、「欲望」が過熱すると、侵略戦争が勃発することを教えている。しかし、私達は今日の状況がたんなるこれまでの戦争ではなく、その主役が「核」であることを忘れてはならない。私達は、戦争の根本的な原因を追求し、それを可能なかぎり排除し、克服しようと真剣に考えていくならば、こうした従来の価値観を見つめ直すことも当然のことである。

㈡　戦争を防ぐいま一つの重要な解決策は政治の世界における外交姿勢であり、その重要な場は「国際連合」である。

私は、今日の「国際連合」について、人類の大きな夢を託している。それは、人類の近い将来あるべき姿・「世界連邦国家」の創設である。つまり、この「世界連邦国家」の下、現存する国家は各地方自治体として位置づけられ、その目的・理念は、「自然権・自然法」の支配する人類の生命と財を均しく保障することにある。従って、私は今日の「国際連合」をそのための過渡的な準備過程であると位置づけている。

「国際連合」は、二〇〇数ヶ国におよぶ加盟国の意見を表明する場として重要な使命を担っている。具体的には、ユネスコや世界保健機関としての活躍、難民の救済等の役割を果している。しかし、問題は多々ある。それは、決議に対する強制力の弱いこと、さらには、イデオロギーの対立する五大国（米・英・仏・ソ・中）の拒否権行使である。加盟国は、いま一度、国際連合創設時の理念・原点（第二次世界大戦の反省）に立ち帰り、「自然権・生存権」という人類共通の価値を真摯に見つめ直す必要がある。その最重要課題は、二一世紀の現状にふさわしい「国際連合」の改革、その核は、現行の「常任理事国」の改革である。まず、五大国の拒否権の廃止、さらには、新しい選考方法、例えば、人口比、分担金、地域性等再考する必要がある。

「国際連合」加盟国に課せられる最低限の義務は「平和外交」の推進とそれを支える「平和憲法」の制定である。ここでは、「日本国憲法」の核となる平和主義の理念が参考となる。今日、我国では、憲法改正・自主憲法の制定を推進する立場の政治家が憲法論議を提起している。私は誰が憲法を起草しようと、また、誰が強要しようと、良いものは良い、悪いものは悪いと考えている。その単純明快な証として、私達日本人は、この七〇数年間、この憲法の精神（平和主義・立憲主義・主権在民・基本的人権の尊重）に守られて戦前には想像すらしえなかった天皇絶対主義の否定、基本的人権・生存権の保障、とくに、表現の自由、学問の自由、男女同権等の保障の下、戦争のない社会に生きてきた。また、私達日本人は、第九条「戦争の放棄・軍備及び交戦権の否認」の条項によって、自衛隊の使命を専守防衛に限定し、他国に対して、外国人を一人として殺害してこなかった厳然たる事実がある。

㈢　戦争の拡大を防ぐ方法として、重要なことは軍事同盟ではなく、「永世中立」の宣言である。「永世中立」とは、周辺諸国で紛争が勃発した場合、どちらの陣営にも関与しない国家の基本政策であり、それには二つの重要な意味がある。一つは、自国の専守防衛に徹し、自ら戦争に参戦しない我国の憲法「第九条・戦争放棄」に通じる思想である。いま一つは、対外的に個別の「同盟」を締結しないことであり、それによって、他国のはじめた戦争への参戦を未然に防ぐという大きな意味がある。これは、第一次世界大戦におけるセルビアとオーストリア二国間の戦争が両陣営の同盟関係によって世界大戦へと拡大していった歴史的事実を顧みると、スイス連邦のような「永世中立」の理念は計り知れない価値をもつ。

その歴史は古い。最初に宣言した国家は、一八一五年、「ウィーン会議」におけるスイス連邦であり、次に、第二次世界大戦後（一九五五年）のオーストリアである。

小国スイス連邦は、ナポレオン戦争に翻弄されつづけ、多くの兵士と農民が徴用され、国土の大半を占める農地・牧草地は荒廃し、小さな農業国として存亡にかかわる状況にあった。この反省から、スイス国民は、アルプス連峰の山あいに位置する小さな農業国が生き残るためには、隣国の戦争に永久にかかわらないことを決意した。スイス連邦は、この「ウィーン会議」で自国の「永世中立」を宣言し、「議定書」に表明した。その内容は、i自ら戦争をはじめない。ii国家間のいかなる戦争にも参加しない。「ウィーン会議」（締約国）は、スイス連邦のこの提起を承認し、さらに、スイス連邦が他国によって危険にさらされた場合、スイス連邦を援助することを決定した。

いまなお、スイス連邦の憲法（一九九九年制定）では、この歴史的な「永世中立」の理念を尊重し、こう規定している。第五八条②「軍隊は、戦争の防止及び平和の維持に寄与する」。第一七三条a「連邦議会は、スイスの対外的安全、独立及び中立の保護のための措置を講じる」。第一八五条①「連邦参事会」（連邦政府・内閣）は、スイスの対外的安全、独立及び中立の保護のための措置を講じる」。

また、オーストリアの場合は、一九五五年、憲法で「永世中立」を宣言し、関係国に通知、承認されることによって、その理念を成立させた。

歴史的背景が異なるにせよ、彼らの「永世中立」の宣言は、国際的な使命と役割において計り知れない重みをもつ。その歴史的な証として、スイス連邦は、この「永世中立」の理念によって、二つの世界大戦から国民の生命と財を守りぬいたことである。その結果、スイス連邦は、世界中から信頼を獲得し、とくに、国際的金融市場で最も重要な地位を占め、国際決済銀行や、また、国際赤十字、国際平和機構等の本部などが首都ジュネーブに集中することになる。これは、私達・後世への最大の教訓である。また、第二次世界大戦後の「国際連合」への加盟についても、「永世中立」の理念から、加盟を苦慮し、最終的に加盟したのは二〇〇二年であった。

重要なことは、「第九条・戦争放棄」の条項や「永世中立」の宣言について、歴史的経緯がどうあろうと、現実の政治の世界で実現させたことは人類のすばらしい英知である。これらは、真に平和を願う国家と国民にとって、決して夢物語ではなく、いつかは実現可能な国家の政策として遂行しなければならない。

軍隊をもたない国々の存在

今日、世界には約二〇〇の国家が存在する。その多くが国際連合に加盟している。そして、その二〇数ヶ国が軍隊をもたず平和裏に過している。これは注目に値する。

すでに概観してきたように、スイス・オーストリアの「永世中立」、我国の平和憲法は世界的に有名であるが、軍隊そのものを所持しない国家がこの世に存在することは驚きである。私は、こうした国々がなぜ軍隊を必要としないか、その要因・理由を分析し、考察することによって、世界の国々や我国の防衛政策の根幹にかかわる平和構築の諸問題（憲法改正・自衛隊の強化・日米安全保障条約等）について重要な指針となるのではないか、いま一度、真摯に対峙する必要があると考えている。

私は、これらの国々が①どのような理由で軍隊を必要としなかったか、一つ一つ分析し、②それぞれの国家の歴史、③現状、④その結果等について考察する。

これらの国家は大きく四つの国々に分類できる。

①宗教的信条・平和に対する理念の重視。この代表格は「バチカン市国」である。それは、伝統あるカトリック教会の総本山として各宗派から独立した小国家(人口八〇〇人)であり、国家形態としては例外中の例外である。その警備はスイスの儀仗兵によって守られている。

②自然の要塞・古代ローマ末期のキリスト教徒迫害の歴史を継承した宗教的信条。さらに、平和への強い尊厳性を有する「サンマリノ共和国」である。この国家は、かつて第二次世界大戦の初期には、イタリア・ファシストによって蹂躙され、その末期にはファシストの隠れ家として連合軍から攻撃をうけた歴史をもつ。現在の国防は、イタリア領土内に位置することからイタリア軍が担っている。

③平和への理念を重視した国々。

「コスタリカ共和国」。基本的に農業国(バナナの生産量・世界七位、輸出量二位)、近年は、繊維産業・ハイテク産業・観光業として栄えている。この国は、かつての大統領選挙をめぐる内乱の結果、平和への思いが盛りあがり、内政を重視、その結果、社会保障・教育を充実。憲法で軍隊をもたないことを明記。対外政策は国連中心の全方位外交による中立・非同盟を貫き、いまでは、ラテン・アメリカのスイスと称されている。

「パナマ共和国」。有名なパナマ運河は世界流通経済の要として世界共通の財産となっている。そのためには平和であることを前提とし、軍隊をもたず国連中心の全方位外交、中立・非同盟国家を維持している。

「モーリシャス共和国」。農業国（製糖）、食品加工業、観光業等を主産業とし、島国であるが平和に対する理念を重視。外交政策は国連中心の中立・非同盟国家を維持、アフリカの中では異例の経済成長を遂げている。

④軍隊をもてない国々。軍隊を所持しえない最大の理由は、小国・群島国家、人口も少なく、外貨獲得の経済力・資源に乏しく、その上、軍事基地としての重要性に乏しい国々である。なお、国家の防衛は、その多くが国連信託統治または大国の保護領または連邦加盟自治領となっている。

列挙すると、

「ソロモン諸島」（イギリス連邦内の自治領、従って、国防は連邦の軍隊に依存）。

「ドミニカ共和国」（アメリカ軍に依存）。

「パラオ共和国」（国連信託統治、軍事権は「自由連合協定*4」に基づきアメリカ軍に移管）。

「ミクロネシア連邦」（軍事権は「自由連合協定」に基づきアメリカ軍が管理）。

「モナコ公国」（地中海に面した保養地、フランスの保護領であるが、外交の自由を有している）。

「サモア独立国」（自給自足経済、大国の保護領でもなく、軍隊をもたないまれな国である）。

「キリバス共和国」（自給自足経済、イギリス連邦に加盟）。

「ハイチ共和国」（内乱がつづき、農業国でありながら自給自足すらしえないラテン・アメリカ諸国の最低水準に甘んじている。ブラジル軍を主力とする平和維持軍が駐留）。

「ツバル」（自給自足経済・非貨幣経済。イギリス連邦に加盟、近年、地球温暖化による水没の危機に直面している）。

「セントビンセントおよびグレナディーン諸島」（自給自足経済、イギリス連邦に加盟）。

「セントルシア」（農業・果実加工、イギリス連邦に加盟）。

「アンドラ公国」（観光業、住民の三分の二が外国人。欧州安保協力機構に加盟）。

「クック諸島」（農業、輸出の三分の二が果実ジュース、ニュージーランドとの「自由連合関係」を結ぶ）。

「ナウル共和国」（国際的援助対象国、国連信託統治領）。


軍隊をもたないこれらの国々の状況について、連邦加盟国の保護下にある国以外は、例外なく非同盟・中立を国家の外交政策の柱としている。注目すべきは、これら軍隊をもたない国家が第二次世界大戦後、主権国家として軍隊を所持していないがゆえに外国から攻撃をうけたり、侵略された事例はない。この事実は大きい。

従って、核の攻撃と防御の均衡が崩れつつある今日、私達は、軍事力の強化によって、国民の生命と財を守るという一部の指導者達の妄想とプロパガンダに騙されてはならない。

最後に、これらの軍隊をもたない国家の私達への最も重要な教訓を指摘したい。①経済的観点から、食糧自給率を少なくとも八〇％以上に高めること（二〇二一年・我国の自給率三七％）。②対外的には、非同盟・永世中立を国家の基本理念に据え、全方位外交に専念すること。③内政重視、とくに、経済格差を解消し、社会保障の充実による国民の安心して暮せる社会の確立、さらには、

＊4　他国の保護下にありながらも、国家主権は認められている状態。

技術（専門）教育と人間教育との調和のとれた高度な教育制度の確立と普及に邁進すること等が要請されている。

自衛隊について

一方、我国の場合はどうなっているか、整理しておく必要がある。日本は、かつて（一九四五年―五〇年）、軍隊を所持しない国家群の一員であった。どのような経緯の下、「自衛隊」という名の軍隊組織へと変身してきたであろうか。

その経緯は、朝鮮戦争の勃発とともにアメリカからの強い要請の下、一連の再軍備への道を歩むことになる。朝鮮戦争勃発と同時に、日本国内の治安が手薄になるとの理由から、アメリカは日本国に軍隊の設立を強く要請する。当時の吉田内閣は、「軍隊」の創設には日本国民の抵抗があることを考慮し、「警察予備隊・七万五〇〇〇人」と「海上保安隊・八〇〇〇人」の創設を決定した（一九五〇年）。

そして、この四年後、さらにアメリカの強い後押しの下、「自衛隊法」が制定され、政府は「自衛隊は軍隊でない」と答弁。自衛隊法第三条には「平和と独立を守り、国の安全を守るため……わが国を防衛する」とある。しかし、世界の主要国の憲法も同じ理念であり、現実にはその理念を拡大解釈して、アメリカはイラク戦争、ロシアはウクライナ侵攻を演じてきた。従って、私達日本国民はこうした現実を見据え、日々、注視する必要がある。

今日、その「自衛隊」の実態はどのような組織・規模になっているだろうか。

①「自衛隊」は、現在、陸・海・空の三組織を有している。②我国の防衛費は、『防衛白書』二〇一九年版によると、四兆九三八八億円（四九四億ドル）、世界八位となっている。参考までに、アメリカはこの予算の約一二倍強（六〇〇七億ドル）、中国・三〇九八億ドル、ロシア・一〇八五億ドル、フランス・五五八億ドル、イギリス・五二三億ドル、ドイツ・五一三億ドル、韓国・五〇六億ドルとなっている。④正規兵力は二二万六〇〇〇人、世界二三位。ただし、「アメリカ軍事評価機関」によると、総合的な軍事力は世界五位の評価をうけている。⑤一九七六年、三木内閣は防衛費を「国民総生産」（ＧＤＰ）の一％以内とした。今日、防衛費はＧＤＰの〇・九％となっている。[*5]

また、欧米先進国における軍隊の目的と条件はこうなっている。その目的は「国民の生命・財・国土を守る」こと。その条件は、陸海空軍の所持。軍事費は国民総生産の一％以上、正規兵力は八万人以上となっている。

「自衛隊」の現状は、憲法論議と関係なく、こうした欧米先進国における軍隊の目的・条件を充分に満たしている。従って、「自衛隊」はいまや立派な軍隊以外の何物でもない。こうした現状は、憲法上、「自衛隊」が軍隊としての機能を充分に満たしているゆえ、「専守防衛の理念」を鑑みても、合憲・違憲の狭間にある。

＊5　二〇一九年版『防衛白書』では、「経済協力開発機構」（ＤＥＣＤ）の試算（その他の要因を加味）に基づき算出されている。

しかし、この「第九条・戦争の放棄」は、戦後七五年間、我国が平和を維持してきた世界に誇る理念であり、平和憲法の真髄である。従って、「第九条」は日本人のみならず人類にとって死守しなければならない理念となる。

にもかかわらず、我国では、安倍・菅内閣（自由民主党）を中心に憲法改正論議がさかんに主張されている。具体的には、「自主憲法」を制定し、「第九条」を改正して「自衛隊」の名称を第九条に加えること。彼らは主張する。その理由は、「中国・ロシア・北朝鮮等の軍事力（核・ミサイル等）の強化に対する懸念」である。従って、彼らは「憲法第九条」を改正する必要があると主張する。

具体的には、①憲法に「自衛隊」の名称を明記する。この改正によって、軍事予算等あらゆる面での軍事強化が容易になる。②その結果、「国民の命と財・領土を守る」という大義名分の下、海外派兵等、「日米安全保障条約」に基づく共同軍事作戦等の拡大・強化が可能となる。③さらに、この改正が成功すれば、次の段階、「第九条の一項」（武力の行使を永久に放棄する）、「二項」（陸海空軍は永久に保持しない。国の交戦権を認めない）を廃止する改正案の提起が可能となる。

しかし、私達国民は、この核・ミサイルの脅威、その現実を冷静かつ慎重に直視する必要がある。まず、核の脅しの下、平和を維持していること自体、理不尽である。いまや、今日のミサイル攻撃技術の現状は私達の想定をはるかにこえている。核攻撃は広島・長崎型の単発攻撃ではない。核は、ミサイルによって大陸間を誘導飛行し目的地を破壊する。そして、その発射基地も従来のような固定基地を必要としない。地上の移動発射装置または海中の予測しえない場所からの潜水艦攻撃、また、探知不能な極超音速兵器攻撃等、さらには、宇宙からの攻撃も可能となりつつある。その上、同じ攻撃目標に複数の核弾頭ミサイルが同時に発射された場合、現在の探知能力と迎撃ミサイル[*6]を倍増しても応戦できない。また、小型原子爆弾によって「原子力発電所」を攻撃・破壊すれば、その周辺の人々は住めなく、社会機能は麻痺し、空軍基地攻撃以上の成果をもたらす。従って、ひとたび核弾頭が飛びかうことになると、この世は広島・長崎の経験とは比較にならない地獄絵となる。そこには、当然、生存という自然が授けた権利等、人類が生きられる場所などどこにも存在しない。従って、私達は、こうした最新の軍事攻撃技術に対して、憲法をどのように改正しても、また、最新の防衛技術を駆使したとしても、それらの攻撃を完全に防御することは不可能である。

　こうした事態への対応策として、我国では、自由民主党を中心に「相手国の基地を攻撃することは自国の防御であり、自衛である」とする危険きわまりない意見が主張されつつある。この考え方は、その理由がどうあれ、まぎれもなく、相手の領土を攻撃することになる。過去には、こうした自己防衛の名の下、戦火を拡大してきた歴史の教訓がある。私達はその教訓をいま一度想起する必要がある。

　にもかかわらず、大国間の東西（米・中・ソ）対立の下、我国のおかれている状況は極めて厳しい。①その最大の要因は地理的状況にある。日本列島の地理的現実は、東西陣営・いずれの陣営からみても重要な軍事拠点となる。当然、彼らは日本列島を自国の最前線基地として位置づけざるを

＊6　最新の「ステルス戦闘機」一機一一六億円。「イージス・アショア」一艦二五〇〇億円。

えない。従って、日本列島はどちらの陣営に与しても攻撃対象となる。②また、経済的視点からみても、日本は資源に乏しいが、それをはるかに上回る優れた世界的高水準の技術を有する国である。③さらに、日本人の国民性の優秀さである。世界的高度な技術力・高い教育水準・勤勉さ・道徳水準の高さ等、いまや人類の範となる度量をそなえている。

従って、私達は、我国の国防について日本独自の新しい理念を構築し、具体化しなければならない。

①その絶対条件は「日本国憲法第九条」を死守することである。「第九条」は、戦後七五年、我国が平和を守ってきた世界に誇る基本的理念であり、我国の平和はこの「第九条」と共にある。

②「自衛隊」の新しい役割について、国民の生命と財・国土を守るという自衛行為の本質を再確認し、その役割を改めて整理する必要がある。その要は三点ある。ｉかつての北朝鮮工作員による拉致問題のように、国家主権そのものを脅かす不法密入国行為（この主権侵害の責任はいまだに追及されていない）の厳重な警戒と取締りを第一義とする。ⅱ二〇〇カイリ内の経済水域の漁業権を守る。ⅲ国内外の非常災害時における救援活動等が指摘される。従って、新しい自衛隊の規模・組織・予算等は主として以上三項目の業務遂行の可能な範囲内に限定・縮小すべきである。

③新しい対外政策の確立を急務とする。

ｉまずは「永世中立」を宣言し、国連中心の全方位外交の基本政策を内外に宣言することにはじまる。また、国連軍への派兵については「永世中立」の理念と「憲法第九条」を理由に参戦しない。ただし、人命救助・非常災害時の国際協力による派遣、さらには、「国際連携平和活動」には武器を使用しない条件の下協力する。また、国連の強化策として警察権の強化が望まれているが、米・中・ロの対立事案に関する派兵にはいかなる業務にも参加しない。要するに、国連の組織・機能が大国の利害に利用されている場合はとくに慎重に対処する。

ii 「日米安全保障条約」を見直す必要がある。いましがた指摘したところであるが、私達日本人は、日本の国土が、地理的にアメリカのアジア政策の要として、中国・ロシアに対する重要な軍事基地であることを改めて認識しておく必要がある。私達は、アメリカが日本を防衛しているかの如く錯覚し、それをよしとしているが、その本質はアメリカが自国の最重要前線基地として日本列島を守っているにすぎないことを認識しておくべきである。また、アメリカの「核の傘」による恩恵についても、私達日本人は冷静に考え直す必要がある。つまり、「核の傘」の威力は核攻撃と防衛との均衡が保たれている時にのみ有効である。核の攻撃力が先行し、その均衡が崩れるとその効力は喪失する。今日、まさにその均衡が崩れている。核・ミサイルによる防御体制、イージス・アショアやステルス戦闘機をどのように配備しても守れない。まさにアメリカの「核の傘」に基づく防衛神話は崩壊しつつある。従って、軍事同盟としての「日米安全保障条約」は破棄し、新しく「日米平和条約」を提携すべきである。

iii 北方四島・沖縄問題について私はこう考えている。北方四島はロシアにとって極東の重要な対米軍事基地の一つである。国際情勢が変らない限り、アメリカの在日軍事基地と同様、自ら手放すことはない。従って、「日米安全保障条約」の破棄と同じ次元で返還を要求することである。その結果、沖縄基地問題も同時に解決され、新しい日・米・ロの「平和条約」の締結ということになる。

しかし、こうした対米政策の転換は日米の経済摩擦に直結する。とくに、自動車産業等、対米輸出産業との調整は容易でない。しかし、将来的に平和であることの意味を受け止めるならば、そして、太平洋戦争末期の私達日本国民の悲惨さを想起するならば、その代償として、対米輸出が激減し、経済全体が疲弊し、極度の不景気に陥ったとしても、可能な限り、日常的な欲望を抑え、まず、生きていくことを私達日本人は選択しなければならない。ただし、そうした逆境のなかでも、私達日本人は、世界の人々が必要とする新しい技術と製品の研究・開発に努めなければならない。そうした技術を世界の人々は見捨てない。従って、戦後、我国が焼け野原から復興してきたように、究極的な状況からの脱出も夢物語ではない。

第三章　「自然権」――地球環境破壊

第一節　いま地球では何が起きているか

これは、私達の「自然権」にとって、国家の内政（自然権・基本的人権の保障）や対外問題（戦争と平和）を超越する、まさに人類の存亡にかかわる最も重要な主題である。

私達の命は宇宙という大自然によって授けられた。その生命は、いかなる宗教をも超越した自然の世界が私達に授けた「自然権」、つまり、自然界で人類が生きる権利であり、自然以外、何人もそれを脅かし、奪うことはできない。しかし、いまやこの「自然権」そのものが脅かされている。皮肉にも、自然そのものが生命を授けた人類という種によって破壊されようとしている。

私は、この主題をローカル・リスクとしてではなく、グローバル・リスク、地球規模の災害として対峙する。地球環境破壊の原因について、自然現象説もあるが、いまやその最大の原因は、一九世紀初頭から産業革命後に至る三大要因、大量生産・大量消費・大量廃棄という私達の日常的な経済活動にある。それらの結果、私達は、深刻かつ典型的な現象として、「地球温暖化」、さらにその負の遺産として、「大気汚染」「オゾン層の破壊」「酸性雨」「土壌汚染」「海洋汚染」「砂漠化」等の諸問題に直面している。

地球環境破壊の原点―地球温暖化

地球温暖化とは温室効果ガス[*1]（二酸化炭素・メタン・一酸化二窒素・フロン等）の急増にともなう地球の気温の上昇現象である。

表１　温室効果ガス・二酸化炭素排出の国別現状
（国際エネルギー機関・2016 年）

中国	91 億トン	全体の 28.2%
アメリカ	48.3 億トン	全体の 15%
インド	20.8 億トン	全体の 6.4%
ロシア	14.4 億トン	全体の 4.5%
日本	11.5 億トン	全体の 3.5%
ＥＵ 28 ヶ国	31.9 九億トン	全体の 9.8%
その他の国	105.1 億トン	全体の 30.6%
世界全体では 323 億トン		

「世界気象機関」は、「ＣＯＰ25」（二〇一九年）の国際会議において、「二酸化炭素の平均濃度は昨年を上回り過去最高であり、このまま平均濃度が上昇しつづけると、次の世代は、気温のさらなる上昇や水不足、それに海面上昇など、より深刻な気候変動の影響をうけることになる」と警告。その二年後、我国でも、「気象庁」が日本沿岸の平均海面水位の上昇について、「例年に比べ平均八・七センチ上昇、統計を取り始めた一九〇六年以来、最も高くなっている。その背景には地球温暖化の進行があり、今後も上昇する」と警告した。

温室効果とは何か。そのメカニズムは、まず、太陽光によって暖められた赤外線が温室効果ガスによって吸収され、地表の温度が上昇し、その結果、地球全体の気温が上昇する現象をいう。

元来、この現象は、地球の気温が平均一四度ぐらいに保たれるという重要な役割を果している。このメカニズムが崩壊し、温室効果ガスが激減すると、地球の気温が氷点下一九度ぐらいまで下がり、人類は生存しえない環境となる。また逆に、温室効果ガスが急増し（表1）、地球の温暖化が進むと地球の平均気温は上昇する。しかし、その気温がある限界をこえ、臨界点に達すると、地上では従来の自然現象が激変する。さらに、この激変を自然界の力でもとの姿にかえるのは数百年要すると専門家は主張する。当然、人類は生きていけない環境となる。

地球温暖化の主たる原因には二つの見解がある。一つは自然現象説、いま一つは人為的現象説である。

自然現象説

この学説によると、地球温暖化は太陽系を中心とした自然のメカニズムに起因して発生するという立場である。例えば、その一つに、太陽の自然な活動により地球上の温度は変化するという学説がある。つまり、火山活動により成層圏のエアロゾル（気体中の微粒子）という物質の増減で太陽光の入力が変化し、日射量も増減する。その結果、地上の温度は変化する。具体的には、このエアロゾルが増加し、太陽光の入力が阻止されると、地上では低温化傾向になり、逆に、火山活動の影響が少なく、エアロゾルが減少すると、太陽光の入力が強化され、地球上の温暖化がはじまるとする学説である。この学説によると、一九世紀から二〇世紀にかけて、火山活動の影響がうすれ、温度が上昇し、さらに、太陽活動が活発化することによって太陽エネルギーが増加し、それらの結果、

＊1　温室効果ガスの割合……二酸化炭素七五％、メタン一四％、一酸化二窒素八％。

今日のような気温の上昇傾向が強まったと主張されている。
また、とてつもない学説もある。近年、地球外の要因、宇宙からの影響を指摘する研究も発表されている。それは数千万年という周期による宇宙からの影響である。例えば、地球上の大きなクレーターの形成年代の分析から、それらのクレーターは三〇〇〇万年周期で形成されているという。その重要な根拠として、この学説ではイリジウム（希少な白金族元素）を指摘する。つまり、このイリジウムを大量に含む小惑星・彗星が地球に衝突した際、イリジウムが地球上に大量に拡散され、恐竜および海洋生物の大量絶滅をもたらすことになった。さらに、この学説では、地上に残るクレーターから大量のイリジウムを発見し、さらにそれらの年代調査から三〇〇〇万年という周期で宇宙から飛来する物体の地球への衝突を仮定した。[*2]
また、インドネシア・スマトラ島北部のバリサン山脈にある大カルデラ湖（琵琶湖の二倍）は、いまから七万四〇〇〇年前のトバ火山の大爆発によってできた湖水とされている。実は、この大噴火と大気の激変によって人類の大半が死滅し、人口は、数千人にまで激減した。なお、当時一〇億人増加するには五万年を要したと推計されている。こうした調査研究の結果、自然現象説では、地球環境破壊、最大の要因を宇宙物体の衝突による火山活動の活発化と大気の変動によるものであると結論づけている。[*3]
確かに、太陽も地球も運動する物体としての生きものである。それらの運動は、日々、微調整しながらも変化しつづけている。天文学的な数字ではあるが、太陽や地球にも寿命があり、それらは、四六億年前に誕生し、あと五四億年の命とされている。こうした宇宙観からしても、宇宙・太陽系の運動にともなう地球環境の変化も否定できない。

人為的現象説

いま一つの見解・人為的現象説である。私達は、今日、科学者達が指摘する温室効果ガスによる地球上の変化、その自然界の深刻な叫びを日々痛感している。夏は想定外の大型台風・大豪雨、冬場は一二月になっても雪不足・異常な暖冬。また、「気象庁」は、我国の平均気温（二〇一九年）が過去一二〇年で最高であったと発表している。

「気象庁」によると、二〇一九年発生した台風は二九回と平年の二五・六回を上回り、日本への上陸回数も平年の二・七倍近い五回となっている。とくに、一五号（関東上陸）、一九号（関東・東北）は一二〇の観測点で一二時間の雨量が観測史上一位となっている。また、上陸時の最大風速も四〇メートルと関東地方に上陸した台風では過去最強であった。日本の気温についても、二〇一九年は平年より〇・八八度高く、統計開始（明治三一年）以来、最高値を示している。なお、世界の平均気温も平年より〇・四三度高く、一八九一年以降二番目に高い値となっている。また、二〇二一年八月の全国的な集中豪雨も記憶に新しい。北部九州では、一週間の雨量が年内降水量の半分（約一二〇〇㎜）に達した地域もある。さらに、アメリカ・ニュージャージー州では、二〇〇年から

＊2 『繰り返す天変地異』第七章。M・Rランピーノ、小坂恵理訳、化学同人社。
＊3 『人類が変えた地球』序文。G・ウインス、小坂恵理訳、化学同人社。

五〇〇年に一度の豪雨に見舞われ（二〇二一年九月）、シチリア島では気温が四八・八度にまで上昇している。なんという異常現象であろうか。

こうした現象について、専門家は二酸化炭素など温室効果ガスの増加による地球温暖化の影響を指摘する。そして、台風と地球温暖化との関係については、温暖化による海水温の上昇が多くの水蒸気を発生させ、そのエネルギーが強力な台風を生むと指摘している。さらに、彼らは、来年以降も、想定外の大型台風・集中豪雨等がつづくのではないか、と注意を喚起している。

こうした現実は何を物語っているのであろうか。これらの最大の要因は産業革命後の経済活動にあり、その具体的な素因は、大量生産・大量消費・大量廃棄に起因する。

周知のように、大量生産という新しい経済構造は一九世紀の産業革命にはじまる。蒸気機関という新しい動力源の大改革にはじまり、商品の大量生産・大量輸送を可能とした。しかし、商品の大量生産には、まず、大量の化石燃料が不可欠であり、さらには、発展途上国の大規模な熱帯樹林を含む木材の燃料調達も不可欠であった。また、世界規模における商品の大量輸送も無視できない。当然、これら大量生産・大量輸送にともなう化石燃料の燃焼は、大量の二酸化炭素・メタン・一酸化二窒素等温室効果ガスを排出する。当然、その結果、地球全体の気温を上昇させる。また、熱帯林の大量伐採による樹木の減少も深刻である。森林は、「地球の緑の肺」といわれ、二酸化炭素を吸収し、酸素を作る自然界の重要な役割を果している。逆に、森林の減少は、二酸化炭素の濃度を高め、大気汚染やオゾン層の破壊、さらには異常気象発生の大きな要因となっていく。

大量消費は私達人類の物質的な豊かさを享受したい本質的な欲望にはじまる。その欲望を満たしうる最大の要因が大量生産という未曽有の経済体制の確立にあった。その成熟期は、一九二〇年代の世界経済恐慌以前のアメリカ・ヨーロッパ世界にはじまる。我国では、第二次世界大戦後、農地改革による農村部の開発と市場化、朝鮮戦争による特需景気等、高度経済成長にともない一九六〇年代から本格的な大消費時代となる。つまり、私達は、この大量生産の恩恵によって豊富な日常生活物資・家電製品・プラスチック容器等の大量消費が可能となった。さらに、その利便性は、それらを支える流通手段としての運輸（大型ディーゼル車）、移動手段としての交通機関、とくに、マイカーの急増等、枚挙にいとまがない。しかし、こうした大量消費の構造は、その消費過程において、動力源となる大量の化石燃料を燃焼させ、大量の温室効果ガスを発生させる。さらに悪いことに、この大量消費は使用ずみ製品の大量廃棄へと負の連鎖をもたらしていく。

廃棄物には、大別して、産業廃棄物（生産過程で生じる燃えがら、汚泥、廃油、廃プラスチック）と一般廃棄物（家庭ゴミ・工場ゴミ・し尿等）に大別される。問題は、廃棄される大量の物質が自然の浄化作用をはるかにこえ、いまや、地球規模の物質循環の限界点に達している。その結果、廃棄物はさまざまな分野で地球環境破壊に連動する。

これまで、大量生産・大量消費・大量廃棄は欧米等経済的先進国を中心に展開されていた。深刻さは、そのエリアが日本（表2）を含む欧米経済圏から途上国、中国・インド・南米・アフリカへと拡大しつつあり、まさに、地球上のす

表2　日本のゴミ廃棄量（環境省H・P）

(1)ゴミ焼却量はヨーロッパ先進国の10倍以上。
(2)ダイオキシン排出量・世界一位。
(3)ゴミ焼却数・世界一位で世界の2-3を占めている。
(4)食品ロスの廃棄量・年間六五〇万トン

べてが「ゴミすて場」となるのも時間の問題となってきた。

地球温暖化の影響

私達人類は、地球温暖化にともなう深刻な負の現象をもたらし、生存そのものを自ら脅かしつつある。私達は、生存に不可欠な自然の恩恵（きれいな水・空気）を自ら拒否しているのではないか。水は数日、空気は数分で命が絶たれることを私達は想起しておかなければならない。

(一) 大気汚染――地球環境破壊の原点

地球環境破壊の原点は地球温暖化現象にあり、さらにその最大の素因は大気汚染にある、大気（空気）は地球上の生きものの共有財産である。いまやその大気が危ない。大気圏の厚さは、一般的に、地上から一〇〇キロ上空の範囲をさし、さらにそれから五〇〇キロの空間を超高層大気圏とよぶ。ここで問題となる大気汚染のエリアは地上一〇〇キロの空間である。

大気圏生成の歴史は約二〇億年前（地球の誕生・約四六億年前）に溯る。当時、大気圏は、水素と水蒸気からなり、永い時間をかけ、青緑色の藻類・ヒラノバクテリアが太陽光に反応（光合成）し、二酸化炭素から糖分を生成、そのときの老廃物として酸素を大気中に放出。ここに生きものが生息しうる素因としての大気圏が形成された。

今日、大気の構成は、窒素七八%、酸素二一%、その他（希ガス・二酸化炭素）一%となっている。問題は、人類の生産活動を通して、とくに、産業革命以来、約二〇〇年にわたり大量の温室効果ガス（二酸化硫黄・硫黄酸化物・二酸化窒素・窒素酸化物・二酸化炭素等）を大気中に放出しつづけてきた。その結果、この微妙な大気中の成分の均衡状態、つまり、自浄機能が崩れつつあり、大気そのものが汚染され、さらには、この汚染による温暖化現象として地球の気温も上昇しつつある。いまや人類はその瀬戸際に立たされている。

大気汚染源の一つに火山噴火など自然的要因も指摘されるが、今日では、人為的な要因、とくに化石燃焼（硫黄酸化物）による汚染が主力となっている。具体的には、産業革命以前に比べ、大気中の二酸化炭素は四〇％も高く、フロン・メタン等大気中の微量成分（PM2.5）*4も急増している。これにともなう被害には二つの類型がある。一つは、工場から排出される石炭燃焼による煤煙や煤塵にともなう直接被害。いま一つは、工場や自動車から排出される石油類の燃焼にともなう炭化水素や窒素酸化物の紫外線との反応、その結果、二次的汚染として発生するダイオキシン（光化学スモッグ）等の被害である。

人類は、これまで大気汚染について、地域的・限定的な被害として経験してきた。古くは、古代ローマでは、薪・石炭の使用による煤煙で深刻な事態に陥ったという話から、一三〇六年、イングランドではエドワード一世の石炭使用禁止令、最近では、一九五二年、ロンドンのスモッグ事件は

＊4　PM（particulate matter）2.5とは、直径マイクロメートル（Mm＝一〇〇分の一ミリ）の固体・液体の粒子状物体。発生要因は、燃焼による煤、火山灰に含まれる微粒子、工場・建設現場で生じる微塵、自動車・航空機からの排気ガス、火力発電所からでる揮発性有機化合物で変質した微粒子等々。身体への影響は、気管支・肺に沈着し健康に有害。ただし、濃度が環境基準35㎎／㎥以下の場合は身体に影響しない。

私達の記憶に新しい。当時、ロンドンでは一二月の四日間で死者四〇〇〇人を数え、数ヶ月で、さらに八〇〇〇人の死者をだしている。また今日では、北京を中心に全国に拡大しつつあるPM2.5の拡散等、身近な日常生活上、市民を苦しめている。また、日本でも他人事ではない。一九六〇年代からはじまる戦後経済復興期の過程では、京浜・阪神・四日市等に代表される工業地帯の石炭燃焼排出による煤煙や煤塵被害等、また今日では、局地的な現象ではあるが、車社会とともに発生する光化学スモッグ、さらには、寒冷地用スパイクタイヤ（現在・使用禁止）による道路粉塵等の健康被害も報告されてきた。

世界的にみると、二〇〇七年世界銀行の調査では、EU基準の清潔な空気を吸っている都市住民は一％でしかないとの報告。たしかに、私達は、毎秒・瞬間瞬間この汚染空気を吸って生きている。その影響は、地域・個人差があるとしても避けられない。その主たる症状は、当然、呼吸器に関係し、一般的には、慢性的な喘息（慢性的閉塞性呼吸器疾患）の発症である。さらに、それに関連する主な疾患として、急性呼吸器感染症、肺ガン、心臓発作、妊娠への悪影響等が指摘されている。

大気汚染の対策については、最後の項目で詳しく述べるとして、ここでは内外の基本的な対策のみ整理しておく。まず、重要な理念として、「国際連合」は、地球環境を守ることの重要性を訴え、人類の生命・健康・生活環境を守ることの使命を明白に宣言した。その代表的な国際条約として、「オゾン層保護ウィーン条約」（一九八八年）、「気候変動枠組条約」（一九九四年）、「京都議定書」（一九九七年）、そして直近では「COP25」（二〇一九年）・「COP26」（二〇二一年）等を挙げることができる。

また、我国では、環境問題の原点となった「公害対策基本法」（一九六七年）、さらには、その法律を改正した「環境基本法」（一九九三年）が制定され、我国の公害・環境問題のまさに基本法として重要な役割を果している。

しかし、こうした内外の規制と努力にもかかわらず、地球環境問題解決の見通しは一層深刻さを増すばかりで、その状況は「ＣＯＰ25」・「ＣＯＰ26」の国際会議が如実に物語っている。

(二)　オゾン層の破壊

人類の生命線として、大気圏で重要な役割を果しているのがオゾン層（地上一〇キロ—五〇キロ）の働きである。

オゾン層は、地上の植物の光合成によって酸素が蓄積され、それがさらに濃厚な酸素分子となり、地上二五キロあたりを中心に形成された酸素層である。このオゾン層は、大気の温度の上昇や太陽からそそがれる有害な宇宙線・紫外線から私達を守る重要な役割を果している。いまや、このオゾン層が大気汚染の直接の影響をうけて危ない状態にある。

オゾン層の破壊については、二〇世紀後半、研究者の間で指摘・警告されてきた。先陣を切ったのは、一九七四年、アメリカのローランド博士である。彼は、大気中で強力な太陽光を浴びて破壊された塩素の働きでオゾンの酸素分子が酸素原子にまで還元され、その結果、オゾン層が破壊され、有害な宇宙線・紫外線が直接地表に注がれることになるという仮説を発表した。

この仮説・オゾン層破壊の実態を最初に実証したのが、日本の第二三次南極地域観測隊（一九八二年）であり、つづいて、イギリスの観測隊（一九八五年）、さらには、ＮＡＳＡ（アメリカ航空宇宙局）の研究センター（一九八六年）である。

日本の観測隊は南極のオゾン量が二年前の観測値より三割から四割少ないことを発見。一方、イギリスの観測隊は、この現象の原因物質が塩素フッ素を含む人工化学物質（炭酸化合物）・フロンであることを発見した。さらに、ＮＡＳＡも七年間にわたる気象衛星の観測結果として、南極上空のオゾン層の破壊を確証した。人類は、このオゾン層破壊という現象を深刻にうけとめ、国連を中心に、その対策を真剣に検討することになる。

一九八五年、国連はオゾン層保護に関する「ウィーン条約」を採決。その内容の骨子は、オゾンホールの主たる原因をフロンと断定し、その対策として、フロンの世界的規制を決定した。

しかし、一九八七年、その主たる原因はフロンではなく、強力な温室効果ガスによるとされる研究成果が発表され、それが主力となってきた。その新しい見解によると、オゾンホールは、成層圏雲（南国の成層圏で生じる超低温の雲）の雲粒の表面が太陽熱の溶解反応によって発生すること、そして、その主たる原因は、フロンではなく、強力な温室効果ガスによるものであると断定した。

そして今日（三五年後）、いまのところ紫外線の顕著な増加は観測されていない。また、大気中のフロンの濃度も減少傾向にあり、南極のオゾン層破壊も小さくなりつつあると報告されている。しかし、私達はこの報告で安心できる状況ではない。いずれにせよ、強力な温室効果ガスの悪影響が南極のはてにまで及んでいる事実は確かである。今後、この極地でどのような化学反応をおこし、それにともなう現象が生じてくるか、私達は注意して観測しつづけなければならない。

(三) 酸性雨と水資源の危機

深刻な地球温暖化は、大気汚染、オゾン層の問題だけではなく、自然界のあらゆる営みに大きな影響を及ぼしている。

地球上の水資源は、その約九七・五%が海水、淡水は二・五%にすぎない。その淡水(南極・北極圏の氷山と地下水、河川、湖沼)も、人類が利用しうる量は全体の〇・〇一%にすぎないと試算されている。

元来淡水は、蒸発して雨となり、地上に降り森林や土地に保有され、地下水となって川や海に流れ込み、再び蒸気となって雨となる。こうして淡水は自然界の循環作用によって浄化されてきた。そして、人類は、この循環作用の恩恵の下、淡水の自然な流れに依存して進化した。水辺には食料を生産する農地、その周辺には共同体の形成、さらには、大河となった河川(チグリス・ユーフラテス・インダス・ナイル・黄河等々)とともに文明社会を開花させてきた。しかし、いまやその水(淡水)が危機に瀕している。私達は、今日の経済活動によって自らの命綱である淡水を自らの手で枯渇させつつある。

具体的には、この一〇〇〇年間、人類は、世界の湿地の半分を干拓し、四万八〇〇〇という大型ダムの建設、さらには、大河川の迂回工事等々を進めてきた。その結果、多くの河川での大干ばつや利用できない汚染水の拡大は、いまや五人中四人まで水の供給に危機感を与えている。

淡水の約半分は氷河に蓄積されている。例えば、ヒマラヤ山系の雪原、氷河はアジア大陸の大河

（ガンジス・インダス・黄河等）の水源として五〇％の水を供給してきた。そうした雪原や氷河もいまや消滅しつつある。また、ヨーロッパ・アルプスやロッキー山脈の氷河の大半が消滅、南極の氷河も融けはじめ、この六〇年間で氷河全体の四分の一が消失している。とくに、南極・西海岸の氷河は過去五〇年間で八七％融けていると専門家は指摘する。問題は、氷河の消滅により、氷河に閉じこめられている二酸化炭素が大気に放出され、温暖化の遠因の一つとなっていることである。

その最大の要因は、産業革命後の大規模な経済活動、数百年にわたる化石燃焼等による地球温暖化現象による。さらに悪いことに、こうした経済活動は水資源そのものを根底から悪化させ、その究極の問題が酸性雨となって私達の頭上に降りそそいでいる。

酸性雨とは、大気中に排出された化石燃料ガス（二酸化炭素）が雨によって硫黄酸化物・窒素酸化物に分解され、それがさらに硫黄や硝酸を抽出し、雨や霧・雪の中にとけ、水素イオン濃度（pH）の低い数値、つまり、酸性度が高くなった状態をいう。

数値でいうと、蒸留水の水素イオン濃度、中性・pH7.0に対し、普通の雨はpH6.5―5.6、酸性雨はそのpHがさらに低い数値となる。酸性雨の現象を最初に発見したのは、一八七二年、イギリスの化学者、R・スミスである。さらに、一九六七年、その原因と分布の形態を解明した研究者がスウェーデンの土壌学者、S・オーデンである。その背景となる被害の実情が社会的問題として注目されるのは二〇世紀の中頃のことである。

ノルウェーでは、一五〇〇あまりの湖水で魚が死滅し、アメリカのオンタリオ湖の東方の公園でも、マス・スズキ類の魚が消えたと報告。ドナウ川水源近くのドイツ領・シュワルツワルト（黒い森）では、一〇年間でpHが3.2にまで落ち、時にはレモン汁（pH2.8）なみの酸性雨が降りつづき、針葉樹の成長がとまり、幹の中心が空洞化されて枯れはててしまったという現象。また、スウェーデンでは、八万五〇〇〇ある湖沼のうち、一万五〇〇〇の湖沼が酸性化し、そのうち四五〇〇ヶ所で魚が死滅したと報告されている。

一方、我国も例外ではない。一九五〇年、阪神工業地帯と四日市工業地帯ではpH４の酸性雨を計測。一九七四年には前橋で、八一年には関東一円でpH３―４の酸性雨が観測され、それらの原因は、京葉工業地帯の煙突群からの排ガスが水と反応して、硫酸・硝酸となり、濃縮された酸性雨となって内陸へと運ばれたと推測されている。なお、「第一次酸性雨対策調査」（一九八三年―八七年）ではpH4.4―5.5を観測し、当時に比べ現在では少し落ち着いている。

いま一度、酸性雨をもたらす原因について整理すると、大火山の噴煙もさることながら、最大にして直接の原因は温室効果ガス（二酸化炭素）の大気への排出にある。その主力は、工場からの排出ガス、そして、自動車・大型ディーゼル車からの排出ガスにある。さらに特記すべきは、この酸性雨は発生源から数千キロ離れ国境を越えた場所でも降りそそぐことである。従って、その被害は広範囲にわたり多くの地域で発生する。

そうした被害の特徴はこうなっている。

①森林の枯渇。②河川・湖沼の水質が酸性化し、生物の生態・生息に重要な変化をもたらす。③人間の身体への影響は、とくに、目・鼻・喉等に強い刺激を与え、異変をきたし、また、肺ガンによる死亡の一・二割は窒素硫化物によるとされている。④最大の関心事は、私達生き物の生命線た

る飲料水に大きな変化をもたらし、場合によっては、酸性雨が地球全体をおおうことも予測しておかなければ、人類にとって酸性雨は致命傷となる。⑤さらに重要なことは、酸性雨による微生物の死滅である。微生物は自然界における生きものの循環作用の要である。彼らは、自然界のさまざまな廃物を有用に分解し、一方では、植物に養分を供給し、他方では、小魚等の栄養源となる。その微生物が酸性雨にともなう水資源の汚染により壊滅的な危機に直面している。⑥「国連開発計画」（UNDP・二〇〇六年）によると、当時の世界の人口約六五・三億人のうち一一億人以上の人々が安全な飲料水を確保できていない。また、これまで途上国の二五億の人々が酸性雨を含む不衛生な水によって死亡していると報告されている。

酸性雨に対する対策は、国連を中心に、「IPCC」（気候変動に関する政府間パネル）や「COP」（各条約についての会議）等地球温暖化問題の一環として取り組まれている。また、酸性雨に関する個別の対応については、一九七九年「長距離越境大気汚染条約」がヨーロッパ諸国間で締結され、一九八五年には「ヘルシンキ議定書」が取り決められている。それによると、一九九三年には硫黄酸化物の排出量を一九八〇年と比較して最低三〇％削減することが明記された。

また、日本では、かつて一九六〇年代、各地の工業地帯の黒々とした煙は経済成長のシンボルであった。そこでは、煤煙が舞い、空一面の黒煙、干した布団や洗濯物には赤茶けた煤塵が降る、こうした工業地帯の光景は日常茶飯事であった。その光景のピーク時は一九六九年であり、それを境に黒煙は減少傾向となる。その黒煙を減少させた我国の技術開発は化石燃料を利用する際の効率を飛躍的に高める技術の開発にあった。

それは、黒い煙を排出しない化学薬品とフィルターの開発にあり、具体的には、①低硫黄原油の輸入、②さらにその原油から硫黄分を取り除く脱硫、③硫黄分を含まない液化天然ガスの導入であった。これらの結果、我国は一九七八年頃には酸性雨の受難の時代を克服することになる。

しかし、重要なことは地球温暖化問題がこれで解決したわけではない。酸性雨をはじめ、空気中の汚染された有害物質は、雨とともに地上に降りそそぎ、土壌に吸収され、負の連鎖として、土壌を汚染し、さらに河川、海を汚染する。

(四)　土壌汚染・劣化

私達人類にとって、この母なる大地・土壌は私達に自然の恵みを授ける命の生命線である。その大地は地球誕生の永い歴史の過程で形成された。気の遠くなる話であるが、氷河期[*5]が終り、地球の温暖化が始まると乾期となり、乾燥に強い穀物が育つ環境となる。やがて人類が誕生し、彼らは他の動物と同じく糧を求め移動しながら命をつないできた。大地が安定し、穀物の自然発生する状況になると、彼らは、それらを耕作する術を生みだし、安住生活を始める。

その土壌の生成は、まず、地球表面の岩石が風雨等により砕かれ細かな粒状となる。その粒状に微生物・昆虫・苔類が堆積・腐敗し、新しい微生物の栄養源となり、さらに、それらが腐敗し、次

＊5　氷河期は古生代（四億四二〇〇万年前から二億五一〇〇万年前）の間に三回存在し、その後、地球は徐々に今日のような温暖な状態となる。

の世代の栄養源となる。こうしたサイクルを繰り返す過程で有機物・生物のミネラル（含窒素）を豊富に蓄積した土壌が形成される。その間、数億年という時間を必要としている。

いまや人類にとって、食料供給源として命綱となっているこの土壌が私達人類の排出する有害物質によって汚染され、劣化しつつある。

その汚染原因は、自然現象と人工的な化学物質によるものとの二種類が想定され、また、その汚染ルートについても直接・間接汚染の二つの場合が考えられている。

自然界に起因する汚染は、自然界に存在する有害物質（ヒ素・水銀・カドミウム・鉛・六価クロム等）が鉱物として酸性化し、汚染地下水となって流動しながら土壌を汚染する。いま一つは、人工的な物質、農薬・化学肥料・工場排水に含まれる化学薬品等による汚染である。それらの代表的な化学薬品は、ドライクリーニングに使用されるＶＯＣｓ（揮発性有機化合物）、広く農薬に用いられるＰＣＢ（ポリ塩化ビフェニル）等、さらには多くの工場からの汚染排水に含まれるダイオキシン（有機物と塩素化合物の燃焼時に生成）や油脂類等が有名である。

また、土壌汚染過程について、一つは、酸性雨等のように、大気汚染された物質を含む降雨による間接的汚染。いま一つは、人工的な行為による直接的汚染である。具体的には、①金属を含む産業廃棄物という人為的行為。②工場廃棄物の不法かつ不適切な投棄、さらには、工場跡地の土壌汚染。③過度の農薬（除草・殺虫・殺菌）・化学肥料の散布等が一般的に指摘されている。

こうした山林・土壌・河川汚染にともなう被害について、古くは、あの有名な足尾銅山事件（一八八〇年―一九〇七年）にはじまる。この事件は、足尾銅山から排出された鉱毒水により渡瀬川の魚類が斃死、稲作への被害が長年にわたり発生、さらには、銅の精錬にともない発生する煙害により樹木が枯れ、山林・土壌破壊が発生した。

最近では、富山県の「イタイイタイ病」（一九五五年—一九六八年）も記憶に新しい。これは、岐阜県の神岡鉱山からの廃液に含まれるカドミウムが土壌を汚染し、農作物や飲料水へと混入、それが身体に蓄積され、骨がもろくなり、身体に痛みが走る公害病である。また、香川県小豆島の土庄町で起きた日本最大規模の産業廃棄物不法投棄事件（一九七七年—一九九〇年）である。その廃棄物から有害物質が農地や河川入江を汚染し、島の農漁業を崩壊させた。そして、大阪アメニティパーク事件（一九八九年—二〇〇二年）も痛ましい。三菱金属大阪精錬所の跡地から土壌の重金属汚染が発覚された事件である。これは、同社が当初から土壌の重金属汚染を認識しながらもその事実を伏せていたという最も悪質な公害事件であった。

また、地球上では、とくにアフリカ大陸のコンゴ、南米のアマゾン流域を中心に土壌の劣化問題の深刻な状況がつづいている。かつての豊かな熱帯林は、草原の七〇％、サバンナの五〇％、熱帯落葉樹林の四五％、熱帯林バイオームの二七％が農地・牧場として開墾されている。また、FAO（国連食糧農業機関）・UNEP（国連環境計画）の共同研究（二〇二〇年五月）によると、「この地域（アフリカ・南米）では、この三〇年間、日本の面積の四・七倍に匹敵する一七八万平方キロの森林が消滅した」と報告されている。そうした開墾地の土壌がいまでは、急激に劣化し、深刻な状況にある。その主たる原因は多々指摘されているが、とくに森林（熱帯林）伐採による土壌層の減少、焼畑農法による農地の拡大、さらには輪作等の諸要因が重なり、その結果、農地の貯水能力は低下し、種そのものまでも劣悪となり、穀物の生産高・一ヘクタール当りを比較すると、東アジア四・五トン、南アジア二・五トンに対し、アフリカは一・一トンとなっている。さらに、その土壌は、世界中で毎年七五〇トン流出し、その量は農耕地一〇万平方キロメートルより大きい量となっており、また、農耕地の三分の二が放棄され、都市（建造物・道路）化されていると指摘されている。[*6]

この土壌汚染と劣化の対策について、世界的な取り組みと日本の対策を概観したい。まず、その対策の技術的な側面について整理する。

①汚染源となっているVOCs・重金属等汚染源を使用するその位置で封じ込む。②汚染土壌を地下水と接触させせない。③透明性地下水浄化壁による汚染水拡大の防止。④原位置浄化、汚染物質の直接的な抽出・洗浄・分解等と掘削除去。⑤不溶化・盛土・土壌の入れ替え等、汚染土壌を封じ込める。⑥汚染土壌の汚染区域外への運搬禁止、等々。

これらの具体的な対策を法制化・条約化したものとして、国際的には、「バーゼル条約」（一九九二年・有害廃棄物の越境移動規制）、「ロッテルダム条約」（二〇〇四年・駆除済等有害化学物質の国際取引上の事前合意）、「ストックホルム条約」（二〇〇四年・残留性有機汚染物質の製造、使用、輸出入禁止）等が代表的である。また、我国では、一九七一年、「土壌汚染防止法」が制定され、二〇〇二年と二〇〇九年には、この法律を基に改正された「土壌汚染対策法」が現在に至っている。この法律によって、カドミウム・銅・ヒ素の三物質が特定有害物質として指定され、農業地への使用が禁止されることになった。

(五) 海洋汚染

地球誕生はいまから約五〇億年前のこと、原始の海は三八億年前に誕生したと推測されている。当時の海は酸性で生物の生息は不可能であった。地表のカルシウム・鉄・ナトリウム等が溶けて現在の中性の海水となり、生物が生きられるようになった。それは三五億年前のことであり、その海は地球の七〇%を占めている。

しかし、いまや経済活動にともなう地球温暖化の影響は、海にも負の遺産をもたらし、深刻な海洋汚染という危機に直面している。

その直接の原因は私達の暮す地上にある。①産業廃棄物の投棄、②工場・家庭からの排水、③河川や大気中からでる農薬や肥料等、化学物質の慢性的な流入、④大型タンカー事故による原油の流出、⑤自然に分解されない何百万トンのプラスチックごみの海洋流出等が指摘されている。このように、海は、経済活動や日常生活から排出される大量の産業・生活廃棄物を垂れ流す下水道となり、海洋における本来の浄化能力を失いつつある。

海洋への流出ルートは二種類ある。一つは、いましがた指摘したさまざまな汚染物質が直接海洋に投棄・流出され、海洋汚染をもたらしているケース。いま一つは、さらに深刻である。それは、地上の多種多様な汚染物質が河川や地下水・土壌等を汚染しながら海洋へと流れこんでいることである。そして、これらの過程で新しい公害、例えば、我国では、古くは「足尾銅山鉱毒事件」

＊6 『人類が変えた地球』第四章、G・ウィンス、小坂恵理訳、化学同人社。

（一八八〇年頃）、また記憶に新しいところでは、「富山県のイタイイタイ病」（一九五五年頃）、「熊本水俣病」（一九五六年頃）、「新潟水俣病」（一九六五年頃）、「四日市ぜんそく」（一九六二年頃）等四大公害を発生させながら、最終的に海へと流れこみ、さらなる海洋汚染の大きな原因となっている。

このように、海は、地上の複合的な汚染物質の受皿となり、浄化能力を失い、かつての水俣湾や東京湾のように完全に自然のメカニズムを喪失した海域もある。その現実は深刻であった。

水俣病は、一九五三年頃発生、大きな社会問題となった。当時の状況はこうなっている。熊本県水俣地域の工場（現チッソ株式会社）地帯から有機水銀（メチル水銀）を含む多量の工場排水が水俣湾を汚染。湾内に生息する魚介類がこの有機水銀を蓄積し、それらを地元住民が日常的に多食し、甚大なる被害をもたらした海洋汚染公害である。水俣病が公式に確認されたのは一九五六年であるが、そこに至る住民の日常的な被害者状況は凄まじく、三万人以上におよんでいる。

まず、有機水銀中毒による病状の特徴は、特異な中枢神経症状を訴える患者が多く、例えば、神経をおかされることになり、視野の狭窄、難聴、言語障害、手の震え、指先のしびれ等多くの症状がみられ、死亡率も高いことが注目された。その原因は、海底の泥土、魚介類と患者の諸臓器から異常な高濃度の水銀が検出され、他方、化学工場のヘドロからもメチル水銀化合物が検出されたことによって、有機水銀であることが特定された（一九五六年）。

また、時を同じくして、一九六五年、新潟県阿賀野流域でも工場（昭和電工）排水による多くの被害が確認されている（新潟水俣病）。ここでも、川の流域の住民から熊本水俣病と同じ症状の患者が多発。その原因は川魚摂取量と毛髪中のメチル水銀量の相関性が明白になり、熊本水俣病の経験から上流のアセトアルデヒド製造工場からの排水と認定されることになった。

さらに、東京湾の海洋汚染も記憶に新しい。東京湾流域に住む一都三県の人口は約三〇〇〇万人、湾に流れこむ大小三六の河川（多摩川・隅田川・荒川等々）は、彼ら住民の生活排水を湾へと運び、東京湾はその排水の大きな受皿となっていた。

こうした湾の汚染状況に拍車をかけたのが戦後の経済発展にともなう京浜・京葉工業地帯からの工場排水の流入である。この工業地帯は、戦後、朝鮮戦争（一九五〇年―五三年）の勃発とともに、我国は、その後方基地として経済活動が復活、高度経済成長へと突入していく。その代表的な地域として、東京湾周辺（京浜・京葉工業地帯）には、鉄鋼・非鉄金属・石油化学・発電所が次々と進出する。さらに、この工業地帯はコンビナートとして大きく成長し、六つの大きな港（東京港・横浜港・横須賀港等）を擁し、いまでは、それらの港に入港する船舶は一日五〇〇隻、取扱う貨物量は全国の港湾の約四割、原油輸入量は三割、Ｌｐガスは五割を占めている。

こうした経済活動の過程で生じる負の側面・工業排水はすべて東京湾に流れ込んでくる。その汚染度合も、この一〇〇年前と比べ想像を絶するものがある。そのピーク時は一九五五年から始まる。その最初の兆候として「赤潮」現象が頻繁に発生した。「赤潮」は、汚染物質中のリンや窒素などに含まれる栄養塩類の増加により、プランクトンが大量に発生して起る現象である。この現象は海底を無酸化状態とし、その結果、大量の魚介類が酸欠死する。一九七〇年代になるとさらに拡大し、江戸時代から「浅草ノリ」で有名なノリの養殖も殆んど壊滅、ハマグリ、カキ、クロダイ等の魚貝類も激減した。

さらに、こうした状況の下、「黒い水事件」（一九五八年）が発生する。江戸川河口付近の海面がどす黒く濁り、大量の魚介が死滅した。その原因は、本州製紙江戸川工場の廃液にあった。また、一九六〇年代、静岡県富士市の製紙工場でも浦港に製紙廃液を放出し、「ヘドロ公害」をもたらし、さらに、一九七〇年、横浜市本牧沖では、工場がヘドロを不法投棄し、高濃度の水銀・カドミウム・シアン・鉛等有害物質が検出され、社会を唖然とさせた。

東京湾および全国の海岸汚染対策として、国も積極的に対策をとらざるをえない。「旧水質二法」（一九五八年）にはじまり、一九七〇年には「水質汚濁防止法」が制定され、さらに、その七年後、汚濁負荷量の総量規制が導入されていく。これによって、企業の河川・海への無責任な有害工業排水は禁止され、企業による汚染物質の流入量は激減する。いまでは、東京湾も一九七〇年代のピーク時に比べ少しずつ海の青さを取りもどしつつある。そして、東京湾には、時折、シャチ・コククジラ・ザトウクジラなどが目撃されるまでになった。

しかし、私達は将来的に大きな問題を積み残している。東京湾や水俣海域の海水が浄化されたといって喜んでいる場合ではない。それは外洋汚染の問題とその可能性である。

外洋とは陸から一〇〇キロ—一〇〇〇キロにいたる広がりをもつ海域である。その海で、物質の滞留時間は一〇〇年から一〇〇〇年という長い尺度をもつ。これは、外洋が沿岸海域に比べ、はるかに大量の廃棄物質を長時間蓄える能力のあることを意味している。それはまた、東京湾や水俣海域のように短時間で海水汚染が浄化しえないことでもある。問題は、汚染物質が徐々に蓄積され、ある濃度レベルに上昇し、外洋の自浄能力の限界をこえた時、その時間・空間的な規模からして、もとのきれいな海の環境へともどす手だてはない。あるとすれば、千年単位の自然の力を借りた浄化能力にたよるほかはない。

㈥　砂漠化——近年の現象に注目

私達日本人は砂漠という現実を身近に感じていないかもしれない。いま、砂漠は大きく変貌しつつある。そもそも砂漠とは、乾燥した不毛の大地と定義され、陸地の三分の一を占め、その半分は極地にある。しかし、その寒冷砂漠は私達が日常的に理解している砂漠のなかに含まれていない。私達の頭にある砂漠とはサハラ砂漠に代表される赤道近くにあり、気温が昼は五〇度、夜・氷点下にまでさがる不毛地帯という感覚にすぎない。

この地帯は、赤道付近で雨を降らせたあと、乾燥した空気が南北回帰線付近で下降気流となり、雨を降らせず不毛地帯・砂漠となる。その代表的な砂漠が「サハラ」である。サハラ砂漠は、アフリカ大陸北部一帯に東西約五〇〇〇キロ、南北二〇〇〇キロ、その面積八六〇万平方キロ、世界の砂漠面積の約二六％を占めている。

近年、そのサハラ砂漠の南方砂漠境界近くのサヘル地方で悲劇が発生した。一九六〇年から八四年まで、四半世紀にわたりつづいた大規模な干ばつである。そこでは、かつての農耕地が一種の砂漠状態化し、農作物の収穫は皆無となった。その地方の餓死者は一〇〇万人に達し、五〇〇〇万人の人々が影響をうけ、多くの難民が発生した。

国連の報告（一九七一年）によると、毎年アフリカ・中国・オーストラリア等一二〇〇万ヘクタール以上の農耕地が砂漠化現象にあり、とくにアフリカ大陸では二〇二五年までに農耕地の三分の二が砂漠化状態に変貌すると指摘されている。そうした現象の原因は、自然的要因と人為的な要因があり、近年では後者にあると指摘されている。

①その最大の原因は地球温暖化にともなう長期干ばつによる。②過剰な森林伐採により表土が雨で流され、水蒸気が減少し、雨が降らなくなる。③途上国等人口の増加にともなう放牧の急増、その結果、牧草の再生産が困難となり、最終的に牧草が減少、不毛地となる。④過剰耕作にともなう弊害もある。つまり、かつてのように、二・三年に一度という休閑農法が人口増加によって、短縮・連作となり、土地を劣化させ最終的に不毛の地となる。⑤排水設備の乏しい耕地の過度な灌漑による塩分の集積、その結果、土地は不毛となり、時とともに砂漠化されていく。

こうした砂漠化の現象に国際社会も国連を中心に活動する。一九七七年、「国連砂漠化防止会議」が開催され、多国間の国際協力が始まるが、砂漠化の進行は食い止められていない。一九九二年、「地球サミット」（リオデジャネイロ）で採択された要請をうけ、深刻な干ばつ又は砂漠化に直面する国による「砂漠化対処条約」（一九九四年）が採択された。この条約では、砂漠化の進行している国に対する先進国の資金・技術援助が定められ、二〇一一年締約国の数は一九三ヶ国となっている。

地球温暖化に直接かかわる以上六項目（大気汚染・オゾン・酸性雨・土壌汚染・海洋汚染・砂漠化）は、私達・人類にとって、地球規模の最重要課題である。もちろん、これらがすべてではない。

その他に身近でローカルな環境問題、地域・場所によっては、私達の日常生活に直接かかわる深刻な近々の事象が存在する。放射能汚染、化学物質汚染、光化学スモッグやＰＭ2.5等々枚挙にいとまない。

第二節 それは制御可能か

大局的にみて、現在地球上の経済活動（大量生産・大量消費・大量廃棄）のシステムには、地球温暖化問題をはじめ、資源の枯渇・ゴミ処分等先を見通せない自然界の自浄能力などの限界がある。この解決策として、私達には、持続可能な社会を目指し、「低炭素社会・循環型社会・自然共生社会」の構築等、地球規模の取組みが不可欠となっている。従って、私達人類は、一丸となり、国連の強力な指導の下、積極的な行動を起さなければならない。具体的には、各国家・公共団体・経済界、さらには、私達一人一人の意識と積極的な姿勢・努力にかかっている。まさに、「自国ファースト」・ナショナリズムにとり憑かれている場合ではない。

世界的な取り組みと現状

(一) **国連の取り組み**

地球温暖化問題の発端は、一九八〇年代、世界的に発生した異常高温現象にはじまる。当時の科学者達はその原因を温室効果と大気中の二酸化炭素の増加によると発表。さらに、彼らは、大気大循環モデルの数値シミュレーションを用いて二酸化炭素が将来的に増加すると、地表面気温が約二度から五度上昇するとの仮説を発表した。当時、この仮説は、科学的信憑性に乏しく、自然現象説も主張されるなか、国連はことの重大さを真摯に受け止め、一九八〇年代の後半から本格的に始動する。

《「ＩＰＣＣ」（気候変動に関する政府間パネル）の設置》（一九八八年）

国連は、一九八八年、「ＩＰＣＣ」の設置とその「評価報告書」の作成、さらには「オゾン層保護に関するウィーン条約」等の制定を決定した。

「ＩＰＣＣ」の「第一次報告書」（一九九〇年）ではこう述べている。

①温室効果ガス（二酸化炭素・メタン等）の大気中における濃度が増加し、その結果、地球上の温室効果は増大している。②対策がとられないと、二一世紀には、地球上の平均水位は三五センチから六五センチ上昇すると予測。

しかし、この時点では、多くの不確定要素が介在し、むこう一〇年間、温室効果に関する明確な検出は不可能であるとしながらも、彼らはこの一〇年間が勝負であると忠告した。さらに、彼らは、温室効果ガスの排出量を一〇年間で現在の半分にする案を提起するも、それによって気温の上昇を一・五以内に抑える可能性は五〇％にすぎないと主張している。

《「京都議定書」》（一九九七年）

地球温暖化防止対策を具体化させる次の重要な国際会議は「ＣＯＰ３」（京都）の議論と「京都

議定書」の作成である。その骨子はこうなっている。①先進国は、二〇〇八年から二〇一二年の間に温室効果ガスの排出量を一九九〇年の水準に比べ、五・二％削減するという法的拘束力をもつ目標を設定した。②主な国別目標は、ＥＵ八％、アメリカ七％、日本六％とする。③先進国は途上国に対して、温室効果ガス削減の技術や資金援助を行う。

しかし、この国際会議は後世に大きな問題を残すことになる。最大の排出国アメリカが科学的知見の不確実性を理由にこの会議に不参加、「京都議定書」から離脱した。さらに、主要排出国である中国とインドもこの法的拘束力には反対した。従って、この会議は、これら主要排出国の協力をえられず、この問題の深刻さを後世に残すことになる。

《「パリ協定」》（二〇一五年）

「パリ協定」は、地球温暖化対策について、「ＣＯＰ21」（二〇一五年）で採決され、一八〇の国と地域が批准し、二〇一六年に発効した協定である。その重要な骨子は三点ある。

①地球の平均気温の上昇を産業革命以前に比べ二度以下に抑え、さらに、一・五に抑える努力目標を提示。②従来の先進国を対象とした目標数値を途上国にも要請し、地球規模の取り組みを提示した。これはいままでにない歴史的な取り組みである。③しかし、二〇一七年アメリカはこの「パリ協定」から離脱を表明、二〇一九年正式に離脱した。

《「ＩＰＣＣ」総会の特別報告書》（二〇一八年）

①このままでいくと、二〇三〇年から二〇五二年には、一九世紀後半の気温に比べて一・五度上昇する。各国の現在の目標では三度上昇する。その一・五度の上昇は、地球環境を悪循環させ、後

もどりは不可能となり、「灼熱地球」となる可能性が大きい。その結果、洪水・高潮・猛暑等の災害が多発すると警告。②その一・五度に抑えるためには、二〇一〇年の水準に比べて、二〇三〇年までに二酸化炭素の排出量を約四五％削減し、二〇五〇年頃までには「正味ゼロ」（一〇〇％）にする必要がある。③地球温暖化を一・五度以内に抑えるためには、今後、世界で排出できる二酸化炭素の量は約五八〇ギガトン、そして残りの五八〇ギガトンの排出を二〇五〇年までにゼロにしても、一・五度以内に抑えられる確率は五〇％にすぎない。「報告書」は、結びとして、「温暖化による人間への影響はきわめて高い」と結論づけている。

《「COP25」開催》（二〇一九年）

この深刻な地球温暖化に対するこれまでの国際的な取り組みの経緯の下、「COP25」がスペインで開催され、一九〇の国と地域が参加した。私達人類にとって、この直近の国際会議の動向は重要な意味をもつ。いま、国際社会・人類が何を考え、どこへ進もうとしているか、私達は真剣に見つめなければならない。

この会議最大の目的は「パリ協定」実施の具体的なルール作りである。少し立ち入ってこの会議の議論と動向を整理したい。

各国の取り組み状況は深刻である。まず、アメリカは「パリ協定」から正式に離脱し、中国・インド・日本は二〇五〇年迄の温室効果ガス排出量「ゼロ」にする約束には応じていない。約束しているのは、フランス・ドイツ等EU中心に七七ヶ国にとどまっている。これが現実であり、「COP25」は前途多難な幕明けであった。

こうした状況の下、グテーレス国連事務総長は、会議の冒頭、「COP25」に大きな危機感のこもった声明を発表する。「気候変動は長期的問題ではない。いま、まさに私達は危機に直面している。……各国のいまのままの努力では不充分、足りないのは政治的意志だ。……約束を引き上げるような明確な行動を期待する」。まさに、総長として真に迫った声明である。

さらに、ターレス事務局長も気象の現状について報告。①今年一月から一〇月迄の世界の平均気温は産業革命前に比べて推定一・一度上昇している。②これは、観測史上（一八五六年以降）二番目か三番目となる見込みである（過去最高は二〇一六年）。その結果、一〇〇年に一度の熱波・洪水は当り前の現象となる。③この一〇年間の気温は観測史上最も高くなると予測、六月と七月のヨーロッパの熱波では、フランス四六度、ドイツ四二・六度を記録。④各国は対策を進めているが、現状では十分でない。各国はさらなる温室効果ガス削減の強化に取り組むべきである。

こうした国連指導者の真剣な声明の下、この会議の最も重要な課題が議長国から提起された。その主題は二〇二〇年から実施される「パリ協定」の必要不可欠なルール作りと二〇一八年「COP24」（ポーランド）にて採決された事項の確認である。その要約は①途上国を含むすべての国は、温室効果ガス削減の実施状況を報告し検証をうける。②五年ごとに国連に提出する削減目標は、削減するガスの種類や具体的な削減計画、その国の実情に即した適正かつ十分高い目標か否か、その根拠についても詳しく示す。③先進国は、資金援助の対象国や支援の程度・目的について、二年に一度国連に報告し、その内容を専門家が検証する。④技術支援による排出量の削減と自国の削減分の算出方法やその際の二重カウントを避ける方法とルールの確認。

この議長声明をうけ、各国の閣僚級が登場する。しかし、本会議は初日から前途多難な幕明けとなる。出席した国は、参加国一九〇の国と地域から、EUを中心に途上国の三〇数ヶ国、アメリカ・中国・インド・日本等温室効果ガスの主要排出国は不参加と冷ややかなスタートとなる。経済大国アメリカと中国の温室効果ガス排出量は、約四三％、インドを加えると五〇％となっている。そのアメリカは「パリ協定」そのものから正式離脱、一方中国は、自らを途上国と位置づけ、温暖化の主たる原因と責任は先進国にあると主張、「パリ協定」には一貫して消極的な姿勢をとってきた。またインドも、目標の引き上げ数値は、各国の実情に応じ各国で決定すべきで、トップ・ダウンで決定することではないと、これまた消極的である。

我国のおかれた状況は厳しい。資源の乏しい我国にとって、脱原子力発電・脱石炭火力発電は、経済界のみならず、私達日本人にとっても、現在の日常生活を維持していくうえで深刻である。極言すれば、この問題は、我国の経済活動の終焉・破綻を意味することになりかねない。

世界中が注目するなか、小泉環境大臣は日本の取り組みをアピールする。「石炭火力発電に対する批判から逃げず、正面から向いあい、前向きなメッセージを発したい」と前置きしながらも、「残念ながら新しい政策をこの場で共有できない」と冒頭から日本の苦しい立場を披瀝した。そして、「我々は温室効果ガスの排出量を五年連続減少させており……結果をともなう脱炭素化に向けた行動を確実に進めている」と強調。さらに、「国内の自治体では、二〇五〇年までに温室効果ガスの排出量を実質ゼロにすると表明している」ことを紹介し、「日本全体の脱炭素化を早めることが可能であると思う」。最後に「各国が結束して対策に取り組むように」呼びかけた。

　しかし、小泉大臣の発言に各国の反応は厳しく、「具体性に乏しく、国際世論を説得させるインパクトに乏しい」というのが大方の受け止め方であり、「ＣＯＰ25」に参加した環境団体から、温暖化対策に消極的な国に贈る「化石賞」をブラジルと共に贈られる結果になった。

「ＣＯＰ25」は本会議の統一見解を整理できず難航する。会議を二日間延長するも結論を見い出しえず閉会した。その最大の原因は、当初から指摘されていた国々の地球環境問題に対する基本的な理念・姿勢そのものにあった。全体の約五〇％の温室効果ガスを排出している三大大国（中国・アメリカ・インド）は、この問題に一貫して消極的な姿勢を貫き、積極的かつ具体的な対策を示さなかった。アメリカは、すでにみてきたように、科学的知見の不確かさを理由に「パリ協定」から離脱。一方、中国・インドは、「我々は過去に削減してきた」、「現在二酸化炭素排出の責任は先進国にあり、彼らはもっと積極的に取り組むべきである」と一貫して主張。

　グテーレス国連事務総長は最後の声明を発表。「結果には失望した。国際社会は、気候の危機に対処するため地球温暖化の温和や適応、財政支援の面でさらなる野心を見せる機会を失った」と失望感をあらわにした。

　一方、「ダボス会議」（世界経済フォーラム）は、「ＣＯＰ25」閉幕の一ヶ月後の二〇二〇年一月、スイスで開催された。これは、世界をリードする各国の経済人達が環境問題にどのように取り組もうとしているか注目されるまたとない機会であった。この会議で、トランプ大統領は、「今は悲観的になる時ではなく、楽観的になる時だ、恐怖と疑念はよい思考ではない。地球が破滅するという予言は否定しなければならない」と世界中を震駭させる声明を発表した。私は、これがまさにいまのアメリカ社会の現実の姿であることを痛感させられ、さらに、その大統領を支持する人が有権者の半数近くも存在するアメリカ民主主義の現実に失望した。

こうした緊迫した状況の下、グテーレス国連事務総長は新年の記者会見を開催。彼はその会見で「二〇五〇年には二酸化炭素の排出量を実質ゼロにするという約束が極めて重要であり、とくに主要排出国であるアメリカ・中国・インド・日本・ロシアが二〇五〇年には実質ゼロにすることが極めて重要である。さらに、「COP26」（二〇二〇年一一月）[*7]までには強化を表明するように改めて要求する」声明を発表した。

さらに、「COP26」の開催国・イギリスのマートン特使は日本政府に対して厳しい要請を発表。日本はより高い削減目標を携えて会議に参加してほしい。具体的には、①「パリ協定」に向って、各国は二〇二〇年二月までに新たな削減目標を国連に提出するが、日本は目標を引き上げるかどうか明白にしてほしい。②日本はより高い削減目標と温室効果ガス排出ゼロに向けた計画を携えて会議に出席してほしい。③日本の従来の目標・二〇三〇年度までに二〇一三年に比べて二六％削減するという目標をさらに引き上げてほしい。④イギリスが実施してきたように、産業界が安い電力を確保できるような再生エネルギーにこそ投資すべきである。⑤日本が東南アジアの経済を石炭に依存させることは気候変動との戦いのさなか必要ないことである。

これをうけて、二〇二〇年一〇月、菅内閣は、「温室効果ガスの排出を二〇五〇年迄に実質ゼロにする」ことを国会で表明、今後その具体策が注目される。さらに翌年三月、石炭使用国への技術提供も厳格にすると発表した。

また、中国やアメリカもこの地球環境問題の取り組み姿勢に変化が現われてきた。二〇二〇年、習近平中国国家主席は、国連総会で「温室効果ガスの排出量を二〇六〇年までに実質ゼロを実現できるよう努力する」と表明、「パリ協定」の遵守を強調した。一方、アメリカでも二〇二〇年、トランプ大統領に代り、あらたに民主党のバイデン氏が選ばれ、彼はさっそく「パリ協定」復帰を表明した。私はこうした世界のリーダー達の改革姿勢が次回の「COP26」で結実することを期待している。

「COP26」はイギリス・グラスゴーで開催された（二〇二一年一一月）。これに先立ち、UNEP（国連環境計画）は温室効果ガスに関する重要な報告書を発表した。それによると、各国が二〇三〇年までに温室効果ガスを産業革命前に比べ一・五度抑制したとしても、世界の平均気温は今世紀末までにも二・七度上昇すると発表。その主たる理由は、二酸化炭素の排出量が五・四％削減されたとしても、二酸化炭素の二〇倍の威力をもつメタンや一酸化二窒素などの減少は限定的である。従って、この報告は、従来の「パリ協定」の目標とはほど遠い数値目標の再設定を要請せざるをえない提言となる。

こうした緊迫した状況の下、まず「G20サミット」がイタリアで開催。世界の首脳達は地球温暖化問題に真摯に取り組むことを発表した。

「COP26」は、一九七の国と地域が参加、アメリカ・バイデン大統領をはじめ、世界の指導者

＊7「COP26」は、新型コロナウイルスの世界的な感染状況のため延期となる。

達がグラスゴーに集結した。

まず、直近（二〇一九年）の各国の温室効果ガスの排出量は、UNEPによると、中国・一四〇億トン、アメリカ・六五億トン、EU（イギリスを含む）・四三億トン、インド・三七億トン、ロシア・二五億トン、日本・一三億トン。これらの数値が今日の現状であり、私達人類にとって一刻の猶予もない現実である。

こうした状況の下、今回の「COP26」の主な焦点はこうなっている。
(1)まずは、世界の平均気温の上昇を産業革命前に比べ一・五度に抑えることへの参加国の一致がえられるか否か。
(2)先日、UNEPは「すでに各国が表明している温室効果ガスの削減目標を達成したとしても気温上昇が一・五度を上回ることになる」と発表。この報告に、各国はどのように対処するか。具体的には、メタンや一酸化二窒素への対応。
(3)大雨や海面上昇等の被害を最小限に抑える具体的な対策をどのように構築するか。
(4)先進国の途上国への官民合わせた拠出金額・年間一〇〇〇億ドルの二酸化炭素排出削減のための資金援助の問題。
(5)石炭火力発電への今後の具体的な対応。
(6)二酸化炭素削減量を支援した国と支援された国による二重計上の禁止等々。
まず、本会議の冒頭、グレーテス国連事務総長は地球温暖化問題の差し迫る危機的状況に対してこう訴えた。

「化石燃料への依存が人類を瀬戸際に追いやっている。人類は自らの墓を掘っているようなものだ」。「今回の〈COP26〉こそより踏み込んだ取り組みや合意が必要である」と強調。具体的には、「世界の平均気温の上昇を一・五度に抑える目標を死守しなければならない」、そして、「人類の未来を守り、救うことを選択するよう強く求める」と今回の「COP二六」の参加国・リーダー達に強く呼びかけた。

主催国・イギリスのジョンソン首相もまた、「話し合いや議論から具体的な行動に移さなければならない」と述べ、「気候変動対策として、先進国が途上国に約束した資金拠出の重要性」を強調した。

「パリ協定」に復帰したアメリカ・バイデン大統領は、「世界中の途上国への支援に力をいれ、グリーンエネルギーへの転換を加速させる」と強調。そして、「アメリカ温室効果ガスの排出量を二〇〇五年に比べ、二〇三〇年までには五〇%から五二%削減できる」と強調。さらに、「我々の取り組みは、まだまだ足りず、立ち止っている時間はない。何もしなければ、代償は日ごとに大きくなる」と述べ、これまでのトランプ前大統領下のアメリカの姿勢を一変させるより前進的な主張であった。

フランス・マクロン大統領は、「世界の平均気温の上昇を一・五度に抑えると宣言した〈パリ協定〉の理念を共有していない国々がある」と指摘。そして、「今回の会議は、温室効果ガスの排出国がこの会議でより野心的な目標を掲げられるか否かにかかっている」と強調。

インドのモディ首相は、「二〇三〇年までに必要なエネルギーの五割を再生可能エネルギーにし、二〇七〇年までに温室効果ガスの排出量を実質ゼロにする」と述べ、従来のインドの立場を一変、より前向きな方針を明確にした。また、彼は、「途上国への資金援助を速やかに提供すること」も求めた。

温室効果ガスの排出量最大の国・中国の習近平国家主席は、この会議には出席せず、書面で中国の見解を発信した。それによると、「この問題は、先進国が自国のことだけではなく、途上国の対策も支援すべきである」と強調する一方、「現在、気候変動による影響がますます顕在化しており、世界的に行動する緊急性が高まり続けている」。従って、「各国がパリ協定などのこれまでの合意をもとに相互信頼を高め協力を強化すべきである」と主張。具体的に、「中国はエネルギー消費に占める化石燃料以外の割合を二〇六〇年までに八〇％以上とする」と明言した。

ブラジル・ボルソナロ大統領はビデオ・メッセージで発信。それによると、「二〇三〇年までの温室効果ガスの削減目標を四三％から五〇％に引き上げること、さらに、二〇五〇年までには実質ゼロを目指す」ことを主張。

最後に、日本の岸田首相は、前菅首相の国会表明（二〇二一年一〇月）を踏襲し、脱石炭燃料の代替案の具体策をこう説明した。①二〇三〇年の温室効果ガスの排出量を四六％削減。②途上国への追加支援、五年間で最大一〇〇億ドル拠出。③アジア全体の再生可能エネルギーへの転換を推進。④二〇五〇年の温室効果ガスの排出量ゼロを実現するために、まず、二〇一三年に比べ四六％の削減を目標とし、二〇三〇年の五〇％削減に挑戦する。

しかし、日本の現状は二〇一九年石炭の火力発電三一％である。二〇三〇年には一九％（二〇二一年一一月閣議決定）を目指すとしている。従って、日本の現状は二〇三〇年においても石炭火力発電の停止は不可能となる。また、国際的環境NGOにより脱火力発電の意志が弱いとみなされ、ノルウェー、オーストラリアと共に今回も不名誉な「化石賞」を送られた。

このように、今回の「COP26」における各国の首脳達は、二〇三〇年、五〇年、遅くとも二〇七〇年までには、温室効果ガスの排出量を実質ゼロにすると決意を表明。これまでの一部消極的な姿勢とは一転、欠席したロシアのプーチン大統領を除く参加国のすべての首脳が前向きで具体的な目標を表明した。

しかし、今回の「COP26」では新しい課題も登場した。

(1)「UNEP」の指摘した問題提起に対する対応。まず、メタンであるが、「オランダ環境評価庁」の調査報告によると、メタンは、温室効果ガス二酸化炭素の二〇倍の威力をもち、世界全体の温室効果ガスの一八%、二酸化炭素（七二%）につぐ二番目に多いやっかいな存在である。その主な排出原因は、石油や天然ガスのパイプラインからの漏失、発電設備やゴミの埋め立て、家畜のゲップ、水田等の微生物から排出される。

二〇一九年の世界の主な排出量は、中国・一六億二〇〇〇万トン（一六%）、インド・八億七〇〇〇万トン（八・八%）、アメリカ・六億八〇〇〇万トン（六・九%）、EU・六億一〇〇〇万トン（六・二%）、ロシア・四億八〇〇〇万トン（四・八%）、日本・五〇〇〇万トン（〇・五%）となっている。

この対応策として、EU・アメリカが主導し、国際的枠組として二〇三〇年までに三〇%削減することで一致しているが、大量排出国の中国・インド・ロシアは賛同していない。この問題は、今後近々の重要な課題となり、国際的な対応が急務となる。

(2)「パリ協定」で約束した途上国への排出削減のための資金援助問題。「パリ協定」では年間一〇〇〇億ドル・五年間の援助を定めている。今回、インド・中国をはじめ途上国から資金援助に対する強い要請と実行を迫る主張がなされている。とくに、海面上昇の被害に直面している南太平洋上の島国・ツバルの首相の訴えは深刻であった。

この資金援助問題について、イギリス財務省は、二〇二一年から五年間で五〇〇〇億ドルを超える資金援助の可能性を示唆している。しかし、現実には、各国の資金援助に関する歳出法案の成立は足並をそろえていない。また、二〇一九年は予定額より二〇〇億ドル減の八〇〇億ドル、二〇二〇年はコロナの影響でさらに減額となる見込みで前途多難となっている。

(3)地球温暖化対策・グリーンエネルギーへの移行について、メタンや一酸化二窒素等重要な問題もあるが、当面の主役は石炭火力発電の全面停止である。「COP26」では、温室効果ガス削減の具体策として、石炭火力発電所の新規建設中止などを盛り込んだ議長国・イギリスの声明が発表されている。具体的には、①排出削減対策をとらない石炭火力発電所を全面的に廃止する。②新規建設の中止、他国への建設支援の中止等が主張されている。

このイギリスの提案にヨーロッパ各国・韓国・アジア・アフリカの国々四〇ヶ国が賛同しているが、アメリカ・中国・日本は含まれていない。我国の立場は、この会議の冒頭、岸田首相の発言が全てである。一言で要約すると、日本の石炭火力発電は、二〇三〇年には一九%にまで縮小するが、全面的な廃止ではない。これが資源の乏しい我国の脱石炭火力発電の前途多難な現状である。

「COP26」の第二ステージは各国の閣僚級のスピーチが登場する。注目される内容を整理する。

⑴水没が懸念され、時間の問題で国民が住めなくなる南太平洋の島国・ツバルの現状について、外相は「各国の指導者達は目の前の経済的利益よりも世界全体の幸せを直視してほしい」と訴えた。

議長国イギリスは、この問題解決のために「適応」という対策をテーマに新たな支援を行うと表明。「COP26」では新たに一四ヶ国の国と州が二億三二〇〇ドルを拠出すると発表した。しかし、途上国の求める資金はその五倍から一〇倍の金額が必要とされている。また、途上国からは「二酸化炭素の排出量の多い国はそれ相当の援助資金を供出すべきである」と主張、中国・インドを牽制する一幕もあった。

⑵議長国イギリスは、二〇四〇年までにガソリン車等内燃機関を使った新車の販売停止、すべての車を電気自動車（EV車）に移行すると発表。しかし、アメリカ・ドイツ・フランス・中国・日本はこの提案を現実的でないと反対。

世界の現状は、二〇二〇年EV車の販売台数・中国一一一万五〇〇〇台（新車販売台数の四・四％）、EU七一万二五〇〇台（四・五％）、アメリカ二六万二〇〇〇台（一・七％）、日本一万二九〇〇台（〇・三％）。従って、イギリスの提案は二〇四〇年までの目的達成にはほど遠い数値となっている。また、このEV車化には大きな問題も介在する。充電スタンドの急務もさることながら、その電力は、皮肉なことに、まだ火力発電に頼らざるをえなく、逆に、多くの二酸化炭素を排出する結果にもなる。

⑶アメリカと中国は「メタン排出削減に向けた取り組みを強化する」と発表。また二酸化炭素の排出削減についても、「電力の需給バランスを効率よくする政策や電力の無駄を省くためのエネル

ギーの効率化に向けた政策で協力する」と発表。この突然の発表には世界中が注目した。

「COP26」の議長国・イギリスは、これまでの利害の錯綜する各国の意見・議論を整理し、二度にわたるこの会議の「合意文書」を発表した。しかし、①途上国への資金援助の問題、②石炭火力発電の全面禁止、③温度上昇について、二〇二二年末に検証する、等々の提案について、各国の合意を得られず、会期を延長。議長国・イギリスは、さらなる検討を重ね、三度目となる「合意文書」を提案、最終的に承認された。

その骨子の注目すべき要点はこうなっている。
(1)世界の平均気温の上昇を一・五度に抑える努力を追求する。各国の二〇三〇年に向けた排出削減の目標について、来年末までに必要に応じて検証し、さらに強化する。
(2)途上国への気候変動策の資金援助を強化し、二〇二五年まで年間一〇〇〇億ドルを拠出する。
(3)石炭火力発電対策について、石炭火力発電を段階的に削減する努力を加速する。
(4)「パリ協定」で定めた温室効果ガスの排出削減量を政府・民間で取り引きできる方策について、両者の二重計上にならないように削減量の透明性を確保する。
今回の「COP26」の成果と今後の課題について私はこう考えている。

唯一の評価は、前回の「COP25」に比べ、最大の二酸化炭素排出国、中国・アメリカ・インドがこの会議に前向きな姿勢を示し、一・五度に抑えることに少なからず同意したことである。

しかし、その反面、問題点も露骨に現われた。一言で表現すると、国際会議によく見られる「総論賛成・各論反対」の結果、議長国の当初の提案は、ことごとく弱まり、「禁止」から数値を示さない単なる「努力」目標に終り、玉虫色的な各国の妥協の産物に終始した。これでは、地球温暖化を防ぐ基本原則の一つ・二〇五〇年に二酸化炭素をゼロにするという「カーボン・ニュートラル」の完全な実施すら見えてこない。つまり、私達人類が地球温暖化を阻止し、絶対地球を守るという各国の強い決意と信念とを伺い知ることはできなかった。

さらに立ち入ってみると、早急に審議・検討しなければならない問題も多い。

①まず第一に、日本を含む大量の二酸化炭素の排出大国が削除目標のより具体的な数値、その緻密な削減計画実施策を明確に公表していない。そして、現実には、この「COP26」の最終確認にもかかわらず、その数ヶ月後、主要排出国では、冬場の電力不足を補うために、石炭火力発電の強化を余儀なくされる。さらに、ロシアのウクライナ侵攻・そのEU諸国の経済制裁による石油等の世界的な不足から石炭に依存せざるをえない状況に直面する。②メタンや一酸化二窒素の問題対応も不充分である。それらの解消への具体的な道筋を明確に示さなければ、この「カーボン・ニュートラル」の目標そのものも破綻する。③途上国への温暖化対策資金援助についてもより根本的な問題が介在する。温暖化対策は、経済的先進国のみの問題ではない、地球規模の深刻な課題である。従って、先進国の途上国への対策資金の援助は自らを守るためにも、また、同じ人類を守るためにも当然の責務である。例えば、核保有国は、軍事力、とくに高価な核を数発分削減してでも援助にまわすくらいの決意がなければ、いくらこの議論を重ねても、地球温暖化は永久に解決しない。

「COP26」に関する私の結びとして、この地球環境問題は、二〇五〇年の「カーボン・ニュートラル」はおろか、一〇〇年単位でつづくであろう人類にとって最悪の課題となる。問題解決の真髄は、最終的に、人類が産業革命以来の「欲望の資本主義」の構図をどれだけ自らの手で制御しうる勇気があるか否かにかかっている。私達先進国の人々は、政府に要望するだけではなく、自ら身を切る覚悟をも自覚しなければならない。具体的には、私達は現在の生活水準・質の大幅な削減を自覚する必要がある。もし、私達人類にとって自らを律することができない場合、その時には、「自然」自らが自然現象という脅威によって、今日の高度な経済活動そのものを破壊し、「欲望の資本主義」を根底から崩壊する。そして、人類は数千年間再起不能な状態となり、私達は、本来の「生きる」という原初的な自然権を見失い破滅の道を歩むことになる。まさに人類の悲劇の到来と人類の叫びが聞えてくる。

(二) 国家・地方公共団体・経済界の役割

地球環境問題解決の重要な役割は、まず、各国家を束ねる国連の指導性にある。次に、私達が日々生活する場、国家・地方公共団体・経済界・職場にある。

我国では、一九七一年、旧総理府外局として「環境庁」が設立、二〇〇一年には「環境省」へと格上げされた。その使命は二つある。一つは、国連と連携・協力し、地球環境問題に対する我国の基本計画の策定や国内法の整備を主たる目的とする。その代表的な法律として、一九九二年の「地球サミット」にともなう「環境基本法」(一九九三年)の制定。そして、一九九八年には、国・地方公共団体・事業者・国民の責務と役割を定めた「地球温暖化対策の推進に関する法律」を制定。また、特記すべき具体的な政策・三Rを提唱した「循環型社会形成推進法[*8]」(二〇〇〇年)の制定である。

いま一つは、国内・地域固有の環境問題に関する独自の対応である。過去には、水俣病公害や京浜・京葉・阪神・四日市工業地帯における海水汚染や大気汚染等に関する対策があった。

地方自治体の代表格である東京都は、一九六九年「公害防止条例」[*9]を基軸とした環境政策をいち早く展開した。その代表的な事例として、二〇一九年「気候変動対策」を発表。「二〇五〇年の一〇〇%脱炭素化」を目指し、再生可能エネルギー化に取り組む基本構想を発表した。それによると、化石燃料に代る太陽光発電を基軸エネルギーにする。都内を走る自動車はすべて電気自動車や燃料電池車に変えること、また、都内のすべての建物に再生エネルギーによる自給自足の電源を実現すること、さらには、プラスチックの削減やリサイクルの徹底を強化するとしている。

一方、経済界・企業の使命は、まず、従来の大量生産における利潤追求至上主義の考え方・姿勢を根本的に改める必要がある。業界は、かつて四大公害のピーク時、一貫して生産性コストの高騰、生産性の低下、結果的に失業の増大、不況を招くという理由で環境問題に猛反対してきた。しかし、

＊8　三R政策
Reduce　地球環境破壊要因資源の消費とゴミの発生抑制。
Reuse　資源としての再利用。石炭火力発電等により排出される温暖化ガスの回収・再利用の強化と徹底。
Recycle　資源としての加工・再利用。

＊9　その前文の骨子は、「……文明は、また自然を破壊し……公害をもたらしてきた。公害は人間がつくりだした産業と都市にその発生原因が内存し、それは明らかに社会的災害である」と明記した。さらに、前文は「すべての都市は、健康で安全かつ快適な生活を営む権利を有する」と産業発展との調和を強調している。

国際社会は、一九八〇年代から環境破壊の主犯格として産業界に厳しく対峙するようになった。

こうした状況の下、経済界・企業は、国や地方自治体の理念を尊重し、法律や条例を遵守し、[*10] 生産活動における省エネ、廃棄物削減等を最優先課題としながら、企業体自らの利益を獲得する新しい方策を構築しなければならない状況になってきた。さらに、重要な新しい社会的使命として、彼らは環境問題にかかわる社会的貢献を自ら課せなければならない状況になっていく。

その代表的な事例として、イギリスの金融界は、先般の「ダボス会議」において、特記すべき企業目標を発表した。「イギリス中央銀行・イングランド銀行は、今後、環境対策が不充分な企業への融資が増えないように金融機関をチェックする方針」を明確にした。また、イギリス政府は、ガソリン車・ディーゼル車の新車の販売を二〇三五年迄に禁止する具体的な有効策を発表した。

これに対して我国では、証券業界が「ESG投資」に注目しはじめている。彼らは、E（environment、環境）、S（social、社会・人権問題）、G（government、健全な企業統治・経営）、つまり、この「ESG」に関心をもち、努力している企業への投資を推奨することになった。さらに、産業界を代表する「経団連」は、脱炭素社会を目指し、〈チャレンジ・ゼロ〉の構想を発表。それによると、「経団連が経済界として各企業に働きかけ、そのための技術の開発・普及につとめ、従来の低炭素ではなく、脱炭素を目指して各企業に促していく」と自らの姿勢を明確にしたが、なお具体性に乏しい。

また、「電気事業連合会」も会長談話を発表し、国際批判に対して苦しい弁明をした。「①日本は資源のない国ゆえ、電源のリスクを分散していく考え方を取らざるをえない。石炭については活用せざるをえない。②技術開発によって、二酸化炭素の排出を抑えていく。③具体的には、古い発電所を停止したり、再利用したりする取り組みが重要。④アジア・アフリカ等やむをえなく石炭を使用する国に対して、日本の技術を提供する。従って、私達は少しでも地球全体の二酸化炭素削減に貢献可能と考えている」。

いずれにせよ、我国の立場は、脱原子力発電・脱石炭火力発電等厳しい状況の下、一歩踏み込んだ内容とはいえ、具体性に乏しく環境先進国・イギリスとの取り組み姿勢ならびに理念の格差を見せつけられることになる。

(三) 私達自ら実践すべき課題

地球環境問題解決の主体は、まず、全地球規模・国際社会を中心に、そして、各国家・地方公共団体・企業体、さらには、先進国・途上国を問わず、私達・人類一人一人の意識の問題、その意識改革にある。それは私達一人一人が自らの欲望をコントロールすることである。この数百年、先進国は、個の日常的な欲望を起爆力として経済発展を遂げ、いまや「欲望の資本主義」と揶揄されるまでに成長した。その結果が今日の地球温暖化にともなう環境破壊であり、多くの科学者・専門家の認めるところである。

今日、この問題解決の基本的な考え方として、「三つのベクトル」を同時に満たすという考え方

＊10 「第四次環境基本計画」(二〇一二年)、その主たる理念は「低炭素社会」「循環型社会」「自然共生社会」等環境汚染から人々の健康や生態系を守ることを表記している。

が提起されている。つまり、地球環境の安定、経済活動を停滞させない、住民の利便性の確保等を同時に遂行するという理想的な解決策の提起である。

しかし、これまで高度経済成長の恩恵を享受してきた先進国の人々のさらなる豊かさ・利便性を望むであろう欲望への本性を無視し、さらには、途上国一〇億人単位の人々のこれからの経済発展にともなう爆発的な欲望の高揚などを考えると、この「三つのベクトル」による解決策には疑問符がつく。私がさきほど指摘してきたように、人類の存亡にかかわるこの問題解決の決め手は、私達自らの欲望の制御でしかない。人間は、人類の誕生以来、動物本能として、不快・苦をさけ、快を求めて生きてきた。そして、この本性が集団・社会・国家へと転化・集約され、人類の進化・発展の原動力となってきた。しかし、いまや人類は、この欲望とどのように対峙し制御するか、まさに私達人類の存亡を賭した重大な問題が問われている状況にある。

具体的に二〇五〇年までという短期間で地球の平均気温を正常化する方法は、私達の日常生活の水準を縮小するしかない。それは、私達の日常生活における大量消費の制御・買い控え等に集約される。つまり、節電・節水・廃棄物の減量化等の徹底であり、マイカーから公的交通機関への乗りかえ、地産地消の徹底等が当面の目標となる。さらに、一ヶ月の水光熱費やマイカー使用等、日常的なあらゆる消費量を一律三〇%ないし五〇%削減することの提起も不可欠となる。これらの努力は、世界のリーダー達が地球温暖化の政策に消極的であっても、私達一人一人のできる唯一可能な行為であり、また、最大の武器でもある。このように、私は地球温暖化問題の解決策の原点を私達自らの欲望の制御にあると考えている。これは、前章で述べた戦争・殺戮の究極的原因が、私達人類の「欲望」に起因したのと同じ次元の延長線上にある。

参考までに、いま、私達人類は新型コロナウイルス感染の真只中にいる。アメリカ、ジョンズ・ホプキンス大学の集計によると、二〇二一年三月末現在、世界全体の感染者は一億二七〇〇万人をこえ、死者は二七九万人を数えている。この感染は、アフリカ赤道直下でも広がり、通常のインフルエンザのように夏期の終息を期待しえない。さらに強力な変異ウィルスが現われるかもしれない。こうした状況の下、ワシントン大学研究グループは、この新型コロナウイルスの感染にともなう経済活動・社会生活の停滞と温室効果ガスとの関係について報告している。「アメリカの主要都市（とくに悪名高いロサンゼルス等）では、この流行にともなう社会的経済活動の自粛二ヶ月間で二酸化炭素・一酸化二窒素等温室効果ガスが二〇％から三〇％減少した」と報告（二〇二〇年五月）している。

また、イギリス・イーストアングリア大学のC・ルケレ教授のグループも「世界六九の主要な二酸化炭素排出国に関する調査結果」を報告している。それによると、二〇二〇年四月七日、排出量減少のピーク時は、昨年と比較して、一日の二酸化炭素排出量が中国・二三・九％減、アメリカ・三一・六％減、日本・二六・三％減、世界全体で一七％減少している。教授は「その主たる原因を外出制限に伴う自動車からの排出量の減少」と指摘し、さらに、「今年一年間に換算すると最大七％減少。この数値は平均気温の上昇を一・五度抑えるための数値に匹敵する」とコメントを加えている。

これらの報告は、私達人類が日常的な経済・生活活動を三〇％自粛し、GDPも前年比一〇％減少させるならば温室効果ガスを二〇％から三〇％削減可能であることを証明している。従って、これは「ＣＯＰ二六」が目指す二〇五〇年迄に温室効果ガスを「ゼロ」にする具体的な目安となるのではないか、私は重視している。問題は、私達がこの「不要不急」の生活にあと三〇年間、耐えられるであろうか、まさに正念場である。

(四) なお問題は残る

地球に住む人類一人一人の意識・「欲望の制御」とは別次元の世界的な社会問題が登場する。それは、世界の人口問題であり、政財界のリーダー達ですら手腕の届かない現象である。「国連人口基金」によると、今日、世界の人口は約七五億人、二〇二五年には約七九億人、さらに、二〇五〇年には約九一億人と推計されている。とくに、途上国では、一九五〇年から五〇年間、人口は一七億人から四九億人となり、その増加比率はなんと二・九倍となっている。

問題は二つある。一つは、近い将来、この四九億人をかかえる途上国の経済発展が予測される。地球上の高度経済表によれば、二〇四八年迄には、中国を含むアジアの人々の平均所得は今日のアメリカの水準にまで達するとの報告もある。従って、そうした経済発展（大量生産・大量消費）にともなうさらなる大量の温室効果ガスが排出される。恐らく、この排出量は、その人口比からして、今日の規模をはるかに超え、予測のつかない数値となる。

いま一つは、こうした経済発展のもと、途上国の社会が豊かになり、安定化すると、人々が貧困や飢餓から解放され、その結果、途上国の人口はさらに増加する。また、かつてのヨーロッパ人の平均寿命が一世紀前の五〇歳から八〇歳にまでのびたように、彼らの平均寿命も高くなり、さらなる人口増加をもたらしていく。そして、この新たな人口増は、より経済活動を活発化させ、先進国が経験してきたように、さらなる人口増加を加速させる。そして、地球環境の負の遺産は留まることのない結果となる。

私はこれまで地球環境問題を概観してきた。私達は、いま、戦争・殺戮の問題とは次元を異にするが、絶望的な状況の真只中に生きている。こうした状況を打破するために、国連を中心に多くの国と地域のリーダー達は奮闘している。しかし、その解決の道は先が見えない。その最大の理由は、再三指摘してきたように、二酸化炭素排出国の経済構造・利害中心に支えられたリーダー達の非協力的な姿勢にあった。また、途上国の経済発展にともなう人口増加もこの問題の解決を難しくしている。そして、私は最後の解決策を人類一人一人の欲望の制御に求めてきた。それは世界のどの独裁者よりも強力である。しかし、私達一人一人の欲望のコントロールは現実に可能であろうか、これもまた一抹の不安が残る。それでは、地球上の自然環境はどうなるであろうか。

恐らく、この状況がつづくかぎり、時間の問題で、地球は自然現象の臨界点をこえ、私達人類の力では制御不可となる。地球の温度が三度上昇すると「利用可能な水不足」が生じ、四度上昇すると「氷床がとけ、海水の温度と海面の上昇、さらには、干ばつによる食糧危機となる」と専門家は警告する。

さらに、ＷＭＯ（世界気象機関）は、二〇二〇年二月、南極の異変について、深刻な観測結果を公表した。それによると、ＷＭＯは、「南極半島北端の沿岸部において、観測史上最も高い一八・三度を観測した」と発表。通常、南極の年間平均気温は沿岸部・氷点下一〇度から内陸部の氷点下六〇度であり、「今回の観測は、二〇一五年に記録した最高気温一七・五度を上回り、夏期でもこのような高温にならない」と説明。そして、「南アメリカに近い南極半島（南極大陸最北端）は、過去五〇年間で三度上昇し、また、半島の西海岸にある氷河は、過去五〇年間で八七％とけ、とくに、この一二年間加速している」。さらに、「南極の巨大な氷は四・八キロの厚さで世界の淡水の九〇％を占めており、もし、すべてがとけた場合、海面は一五メートル上昇する」。一方、北極圏でも同様な異変が発生している。「二〇二〇年、ロシア北極圏（極東サハ共和国・ベルホヤンスク）の気温が史上最高の三八度を観測した」と発表。永久凍土の国が危ない。私達は、二〇一一年、福島第一原子力発電所を襲った一五メートル級の津波を想起するとよい。現在、私達の住んでいる平野部・農耕地はその大半が海面下に沈むことになる。こうしたＷＭＯの警告の下、国連事務総長は、「大惨事を防ぐには一刻の猶予もない。今年は、温暖化の危機を転換するための決定的な年となる」と世界に呼びかけている。

こうした地球環境状態がつづけば、遠くない将来、私達人類は「最悪のシナリオ」、まさに、自然から授けられた「自然権」を自ら放棄せざるをえない「人類の叫び」、そうした自らの姿を想像することも難しくない。

終章　見えない解決への道程——教育への期待・その現実

人類史において、教育の世界は社会の発展に重要な役割を果してきた。さらに、教育はその発展を支える人間一人ひとりの人格・価値・思想形成に計り知れない貢献をした。また、その反面、教育は、多くの場合、権力の側からツールとして利用されてきた経緯もある。本来、権力の本質は、いつの時代も社会の構成員の権力への批判的価値観の形成に注視し、逆に、権力に賛同する価値の形成には積極的であった。約一〇〇〇年つづいた中世キリスト教社会（バチカン国家）しかり、身近なところでは、戦前、我国の天皇絶対主義国家における臣民教育の徹底さ等、私達の記憶に新しい。

周知のように、戦後我国の教育界は、新しい憲法とともに国民を一人の独立した個・人間として尊重し、自己の頭で考え意志決定のできる人間形成につとめてきた。今日、戦争・地球環境破壊問題を解決する重要な手掛りとして、教育の世界が全てではないが、私は戦後この新しい教育の世界に人類を啓蒙するその術を期待している。しかし、今日の教育理念も、七五年という時とともに風化しつつあるのではないか、懸念するところである。まず、その現実を検証したい。

今日、私達日本人の教育は、日々、どのように展開しているか、それらの問題点を中心に考えたい。

我国の教育界最大の問題は、北欧・欧米先進国で殆んど例をみない権力（文部科学省）による小・中・高等学校のきめ細かな教科書検定制度である。「学校教育法」第三四条（小学校）、第四九条（中学校）、第六二条（高等学校）では「検定教科書を用いなければならない」と法的に強要されている。その目的は、各教科書の内容について、偏向のない公正な知識を教授するとある。しかし、実際の検定作業では、文部科学省・教科書検定官のこと細かな指導によって、権力への批判的な記述、権力にとって不都合な記述、例えば、中国大陸侵略（南京大虐殺事件等）、朝鮮植民地問題（慰安婦・徴用工問題等）の詳細かつ具体的な記述は、客観性に乏しいという理由で削除か修正を要請される。その結果、社会でいま問題となっている重大事項やそれらの歴史観について、仮説を立てて諸原因を深め、教授することは不可能に近い。なお、参考までに、『検定不合格倫理・社会』（久野収他・三一書房）はこの過程を詳細に伝えている。

従って、私達の真理を探究し、教授する場は「教科書検定」のない「学問の自由」と教授が保障されている大学教育課程に限定される。しかし、その大学教育の場も異変をきたしている。新しい「学校教育法」第九三条（二〇一五年五月改正）では、伝統的な大学教授会の自治が消滅し、学長・学部長の権限が大幅に強化されている。とくに注目すべきは、大学教員の「採用・昇任」の手続きと「任期制」の問題である。

大学の人事権は理事長にある。これまで伝統ある大学では、教員の採用・昇任人事について、理事長がその審査を専門家集団である教授会に委任する形式をとっていた。それが今回の「学校教育法」の改正によって、第九三条第三項では、従来の教授会審議を第一義とすることなく、学長の独断的な決裁が可能となった。[*1] あってはならないことであるが、一部の伝統ある教授会は別として、場合によっては、著書・研究論文等の専門的かつ厳格な審議も殆んどなく、また、大学経営者の暗黙の思想チェックの下、すすめられる可能性も懸念される事態となった。

これは、憲法が保障する「学問の自由」を非常に巧妙な方法で脅かし、大学という高度で自由な研究・教育の場がその根底から崩壊させられつつあることを物語っている。つまり、権力は、自らの都合の悪い思想や本質論にかかわるリベラルな研究・教育の大学からの排除を可能とした。それとは逆に、実利的で即戦力となる実学・知識のみが大学教育の中核を占めることになる。

さらに、いま一つ重要な問題は採用される大学教員の任期制の導入である。「大学の教員等の任期に関する法律」、二〇〇九年改正の第一条[*2]に基づき、理事長・学長は、大学にとって思想的に好

＊1「学校教育法」第九三条第三項・「教授会は……学長等の求めに応じて意見を述べることができる」。これは、逆に学長等が意見を求めなければ、教授会として独自に発議できないことを意味し、大学の伝統的な自治にとって非常に重要な条項である。

＊2「大学の教員等の任期に関する法律」（二〇〇九年改正）、第一条・「この法律は……大学における教育研究の活性化にとって重要であることにかんがみ、任期を定めることができる場合その他教員等の任期について必要な事項を決めることにより、大学等への多様な人材の受け入れを図り、もって大学等における教育研究の進展に寄与することを目的とする」。皮肉なことに、これによって、高級官僚や評論家等の大学教員への天下り、転職がより容易となっている。

ましからぬ教員を合法的に排除することが可能となった。ここでも教授会の機能は無視されている。そして、いまやこの制度は、国公立大学をはじめ、多くの私立大学で採用されている。

この任期制、試みの歴史は古い。それは、いまから五〇年前、「七〇年安保闘争」のさなか、大学紛争の最も激化した時代にはじまる。今日の大学ののどかな雰囲気では想像すらできない。多くの大学では、キャンパス、時には教室でさえも「ゲバ棒」をもった複数のセクト集団が気勢をあげ、また、彼らによって大学そのものが占拠されることもめずらしくなかった。

当時の政府・佐藤栄作内閣は「日米安全保障条約」の改正を遂行するために、まず、大学紛争を抑え込まなければならなかった。そして、政府は、学生達の闘争や運動を支持する「好ましからぬ教員」（左翼教員）の動向を封じる必要があった。その決め手として、政府は彼らを合法的に解雇しうる大学教員の「契約制」雇用を考えた。

その手順は、まず、「中央教育審議会」が「当面する大学教育の課題に対応するための方策について」の一策として、「教員の選挙方法、任用期間、身分保障等について検討すること」を提起した（一九六九年四月）。これをうけて、佐藤内閣は、「国立大学の終身雇用制を改め契約制にすることを考えている」と明言した（一九六九年九月）。

それは大学における造反教員（左翼教員）の合法的解雇を目的とした明白な意志表明であった。その意図は、当時の野党・労働組合の強い反対をうけ消滅した。

しかし、前安倍内閣の「任期制」導入も、憲法改正を目指す政府の本音・意図する狙いは五〇年前となんら変らない。この制度によって教員は、任期・再雇用を考えると、主張したいこともできず、また、ながい研究時間を要する論文・著書の執筆等不可能となる。まさに、大学教育・「学問の自由」の末期を感じさせられる思いである。

現在、こうした権力側の意図は具体的な形で現われている。それは、①「防衛省の研究費」（二〇一五年）と教授会の関係、②二〇一八年、一連の大学スポーツ界不祥事における教授会の対応、③権力の意図する特定検事の定年延長を意味した「検察庁法改正」（二〇二〇年）に関する教授会の動向等である。

とくに大学人として教授会の姿勢が問われるのは防衛・軍事関係研究費の申請である。防衛省は、大学および研究機関に対して、膨大な予算規模をつけ、軍事兵器の研究・開発を要請した。これは、かつて倫理観なき研究者達が目先の高額研究費に目が眩み、旧満州国でおこなわれたエリート医学者による人体実験（七三一部隊）の悪行を想起させるものであり、良識ある研究者にとって深刻な事態のはずである。

こうした権力の要請に対して、「学問の自由」（研究の自由）を重んじる大学、例えば、法政大学のように、「軍事研究は行わないこと、防衛省が募集する軍事研究制度への応募は当面認めない」（二〇一七年）ことを決定した大学もある。しかし、その反面、百を数える多くの国立大学・私立大学の理系学部では、この研究費を求め、倫理観なき科学者達が奔走する。そこでは、良心的な教員ですら、さきの「任期制」に怯え、反対意見すら躊躇せざるをえなかったという。

こうした大学の本質的な危機（倫理不在）について、「日本科学者会議」は、五〇年前に表明した「日本学術会議」の声明「戦争を目的とする科学研究、軍事目的のための科学研究は行わない」

という理念を再確認し、それを継承し、強く支持することを訴えた。さらに、「日本科学者会議」は、各研究者コミュニティでこの議論を深め、軍事研究拒否の体制を構築すべく大学をはじめ各研究機関によびかけた。その結果、大学の応募は激減する。二〇一五年度、この軍事研究助成に応募した大学は一〇九件。翌年は、こうした反対声明等の影響をうけ四四件に激減。それでもなお、北海道大学のような国立有名大学も応募している。

また、二〇一八年、大学スポーツ界でおきた指導者による一連のパワハラ等の不祥事（アメフト、女子レスリング、チアリーダー等）に関する教授会の対応である。大学における運動部の活動は大学教育の一環であり、当然、教授会はその責務を負う。とくに、日本大学アメフト部の不祥事は世間を愕然とさせた。日大アメフト部監督の「相手選手を潰せという指示」に従って、対戦校の選手を反則行為までして大怪我させた事件である。問題は、この事件に関する大学教授会の無反応である。事件の謝罪会見は法人事務局が担当し、学長は後半釈明に登場するが、大学教育の責任主体として教授会の重要な声明はない。また、他大学の場合も同様、こうした大学運動部の不祥事の対応について、例外なく教授会は教育責任を表明していない。

そして、「検察庁法改正」の問題である。この「改正案」は、当時の安倍政権が黒川弘務東京高検検事長を次期事務次官に登用するための恣意的な定年延長であった。これは、権力の側が司法の独立性を侵害する権力の乱用であり、三権分立の基本理念を蹂躙するものである。当然、この「改正案」の提起という法曹界の重大な状況下にあって、使命感溢れる検察庁ＯＢと四五〇万件をこえるツイッターによる反対声明の下、また、時を同じくして、当の黒川検事長の賭けマージャンが摘発され、安倍政権はこの「改正案」を断念する。しかし問題は、こうした立憲政治の根幹にかかわる状況の下、大学教授会、とくに法学部教授会の大きな反対声明等聞えてこない。

さらに、二〇二〇年、「学術会議」の会員任命について、菅内閣は一〇五名中六名の任命を拒否するという前代未聞（学問の自由侵害）の事件が起きた。任命拒否理由について、菅首相は国民の納得しうる説明をしていない。しかし、その実態は明白である。任命拒否された六名の科学者の共通項は、権力に懐疑的であり、また、政府の委員会で政府案に反対する答弁をした学者である。この事件は、大学の「学問の自由」にとってきわめて重要な事件である。にもかかわらず、大学教授会の声明等は殆んどない。

私達はこうした状況をどのように受け止めたらよいであろうか。これは、「学問の自由」以前の問題として、最高学府・大学そのものの真価が問われる重大な問題であり、今日の大学教育の危機的状況そのものである。それは、これまで私が再三指摘してきた大学の法改正（「学長の権限強化と教授会の弱体化」、「教員採用の任期制」）の効果が明白な形となって現われており、いまや大学の世界は権力によって外堀だけでなく本丸も落城されつつある。

教育の重み

この二〇年、とくに大学の教育現場は大きく様変りし疲弊しているときく。とくに、基礎学力の低下にともなう本来の大学の姿が崩壊・消滅しつつある。なかでも、偏差値の低い全入学制度を余儀なくされている学部・学科ではこの傾向が顕著であるといわれている。私も大学の教壇を去って一〇数年になる。私は、自身の教育経験、後輩教員達の悲愴なつぶやき、さらには、大学教育を憂う著書等を参考に、あらためて教育の重みを噛み締めたい。そして、大学の現状と再興等、その展望について考えたい。

まず、私が教育の世界に関心をもち、生涯この仕事にかかわりたいと考えた明白な動機がある。「国家百年の計は教育にある」。これは、近代日本台頭期の有名な言葉である。そこでは、教育が天皇の臣民として重要な理念を臣民に教授する役割を担っていた。戦後、教育は、新生日本の再出発に際し、新しい人間観として、一人の独立した個の重要な価値を国民に享受した。私は、そうした教育の「恐ろしさ」と「すばらしさ」、その教育の重みを戦中・戦後のまもない時期に肌で感じさせられた体験がある。

その最初の体験は、小学校四年生・太平洋戦争終戦の年（一九四五年）である。当時、高知県の小学校は、本土決戦にそなえ関東軍錦部隊の兵舎となり、私達は、八月一五日の終戦の日まで、多くの日々を近郊の農家で一日一二時間、グラマン戦闘機の飛びかうなか、勤労奉仕として農作業に徴用されていた。また、久しぶりの教室では、先生が「天皇」ないし「陛下」という言葉を口にするとき、私達生徒は姿勢を正すこと、また、あるとき「国造りの神話」のところで、「杖のしずくで山河ができた」と教えられたとき、私は「それはどう考えてもおかしい」と質問したことがある。すると、先生は、急に顔色をかえ「日本は神国である」と一喝された。そうした雰囲気から、それ以降、私はかかる質問をしたことがない。

私達は、八月一五日を迎え、二学期が始まる。そこで、私は子供心ながら衝撃的な体験をする。

一つは、先生の「天皇」に対する態度が一夜にして普通の人間に接する眼差しとなっている。これは子供心ながら非常に不思議であり、その変化もまた理解できなかった。次に、授業が再開されると、くる日もくる日も、私達は硯をすり、先生が読みあげる教科書の箇所を筆で黒く塗りつぶす作業をした。軍人讃歌や天皇という箇所・神話的なくだりはすべて消え、かつて私が質問し怒号された「国造りの神話」も当然消えていった。私は子供心に複雑な思いであった。さらに、それから数ヶ月後、三学期に入った頃には、先生達の口から「民主主義」とか「平等」という当時の小学生にはわけのわからない言葉が聞かれるようになってくる。

大学時代、私は小学校の担任であった先生とかつての「国造りの神話」の話をしたことがある。先生いわく、「恥かしい話だが、師範学校時代の教育で、私自身あのようにすっかり思いこんでいた」。この言葉は、私にとって、私の教育観に教育の恐ろしさと教訓、教育へのさらなる関心を高めさせることになる。つまり、戦前の国史の教科書は、旧制中学・旧制高校・大学コースと高等小学校、師範学校の教育課程ではその内容が明確に峻別されていた。天皇制国家はその指導者のエリートコースまで神話かぶれした人間を育てるほど愚かでない。当然、エリートコースではある程度の科学的歴史教育がなされていた。これとは逆に、国家権力の末端に位置し、初等教育を担当する教師は、まず、中央権力に従順であること、そのための養成校たる師範学校では徹底的な神話教育をもって教師を養成した。この事実を知って以来、私は戦前の小学校教師への偏見をなくすことにした。

いま一つ、私にとって忘れることのできない教育の「すばらしさ」を感じさせられた一コマがある。その記憶もまた鮮明である。

中学二年生、社会科の「新しい憲法」の授業である。その担当教員は女子師範出身で、彼女の情熱的な憲法の授業、その一語一句、いまでも私の記憶に残っている。私が最も感銘をうけたのは、新しい憲法の単なる知識ではなく、先生の戦中の生活と比較しながら語る熱のこもった内容であった。

例えば、「この新しい憲法は、これから私達と共に歩むお友達であり、色々とすばらしいことを教えてくれる大先生である。しっかりこの憲法の内容を学びましょう」。まず、神であった天皇について、「天皇はこれまでの神様とはちがい、これからは一人の人間として、日本国民と共に歩むことになった」（第一条）。

先生の最も熱のこもった話は「第九条」である。「あなた達は、よき時代、よい社会に育ち幸せである。なんといっても戦場にいかなくてよい。これからは、人を殺すことも殺されることもない社会になるでしょう」。この言葉はいつもにぎやかなクラスも一瞬静かになった。この光景は私の生涯消え去ることのない記憶として残っている。

男女同権（第一一条・第一五条・第二四条）の話も鮮明であった。「新しい憲法にいう〈すべての国民〉とは、これまでと異なり、女性も一人の人間として男性と同じである。……例えば、結婚は二人で話し合って決める」。「これからは、女性も選挙をするし、国会議員や知事、町長さんにも立候補することもできるようになっている。とにかく女の子は、男の子に負けないように、勉強し、頑張らなくては」と女子生徒に魂のこもった檄をとばしていた。いま思えば、女子教員として、これからの社会を担う一員としての女子生徒を励ます熱のこもった授業であった。

また、「これからの日本人は、かつて東北地方でおきたような餓え死にすることのない社会となる。それは、国が国民の生活を守ってくれる。すごい国になったものだ」（第二五条）。先生自身、驚きの様子で、「本当にそうなるでしょうか」。私達子供に独り言のように語りかけていた。

また、私の記憶に残る話として「表現の自由」がある。先生はいう。「これまで戦時中、天皇や東条首相を批判すると刑務所にいれられ、生きて帰れなかった。この憲法では、相手が誰であれ、例え、吉田茂首相であれ、〈良いことは良い、悪いことは悪い〉と堂々と物申すことができるようになった」。

この憲法のまとめとして、先生は、夏休みの宿題に、「このすばらしい憲法の清書」を科して授業は終った。

以上が私の中学二年生時の憲法理解である。それは私にとって憲法理念の根幹を授けられた貴重な授業であった。大学時代、憲法学者・宮沢俊義教授の「憲法特別講義」を受講し、さらに私の憲法思想は深められていくが、その原点は中学時代の憲法の授業であり、いまでも、私の憲法理解の基本的な考え方となっている。

こうした私の貴重な学習経験は、いま、あらためて教育とはなにか、あの戦後の時代、社会的状況がそうした熱のこもった授業を可能とさせたのか、いま一度、今日の教育の現状をみつめ、教育そのものの本質について考えさせられる一コマであった。そして、私は、この教育のすごさ・恐ろしさ・すばらしさに魅せられ、大学時代からそうした自らの体験の本質を探求すべく西洋哲学の道を専攻することになる。

大学時代、私は、学問的に多くの師に恵まれ、刺激的な学究生活を送ることができた。これも戦後という時代的・社会的な特徴かもしれない。とくに、命を賭して戦場を体験してきた若い教員達の熱のこもった講義はどの教科も私達学生をひきつける講義であった。その講義中の緊張感は、教師・学生共々、学問に対する問題意識をもって対峙していたように思われる。また、戦前の教育課程の反省から、Liberal Arts[*3]を重視した一般教育科目群の知的水準は高く、奥深い講義であった。つまり、これまでの知識重視の講義に対して、物事の本質へと問いかけていく質の高さ、その視点と論理展開は難解であったが、これぞ大学の講義だと自認させられる一幕であった。そして私を教育関係の仕事へと開眼させてきた要因は、小・中・大学とこうした教育環境に恵まれて育てられたことにあるといまでも自負している。

大学の現状と再興

(一) 私の教員体験

なにを論拠に大学教育の崩壊とみなすか。その見解・分析は多々あると思われるが、私は、まず、私の四〇年あまりの教員体験とその後の現状とを比較することから考えたい。私の教職活動は、日本社会事業大学・一般教育課程の「哲学」と「英語」の講師から始まる。当時の社会的背景もさることながら、また、哲学担当という限定的な見方にかたよるかもしれないが、私の教職時代(一九六七年―二〇〇九年)は恵まれていた。最大の理由は強い問題意識をもったすばらしい学生に出会ったことである。それはまさに「教えるとは共に希望を与えること、学びとは真実を胸に刻むこと」(アラゴン大学校歌)を肌で感じ実践しうる日々であった。具体的には、「七〇年安保」の時代、学生は大学紛争に明け暮れ、多くの学生は、「日米安保」、「ベトナム戦争」(一九五九年—七五年)と向いあい「戦争と平和」の問題に最大の関心をもっていた。

当時は、今日のオンライン授業やビデオを見せて感想を書かせるような授業とは異なり、毎時間、お互いが目を見つめあい、一語一句、語りかけていく真剣勝負の感があった。また、学生から「先生は日米安保・ベトナム戦争をどのように考えているか、態度をはっきり示せ、示すことができなければ教壇に立つ資格はない」等、厳しい質問と罵声をあびせられることは日常茶飯事であった。あるとき、講義中、私が「ゲバ棒で世の中が変るなら、誰も苦労しない。若い時に、初期マルクスの『哲学草稿』ぐらいしっかり勉強したら……」と発言したら、ある女子学生から「それは間違っています……」と消しゴムを投げつけられたこともあった。このように、哲学講義は、毎回、緊張の連続で、私自身、こうした学生に「物事の本質とは何か」を考えさせる講義内容の組み立てに悪

＊3　元来、Liberal Artsは、古代ローマの貴族・自由人の中等教育のカリキュラム・「自由七科」(三学＝文法・修辞学・弁証法、四科＝算術・幾何・天文学・音楽)である。今日では、職業人・専門家である前に優れた人間であるために必要な教養・基礎学問を意味している。我国では、戦後の大学教育改革において、このLiberal Artsが専門分野の基礎科目・「一般教育課程」(人文・社会・自然)として位置づけられてきた。しかし、現在では、各大学の自由裁量に任されている。その結果、本来の「一般教育」の理念が形骸化し、大学教育全体の質の低下を招くことになっている。

戦苦闘した。

私は、また、社会福祉の分野から学問的に貴重な体験をした。私にとって哲学という学問からみると、この領域は異様であった。それは、社会福祉の原点、貧困・経済格差、そして、肉体的あるいは精神的な障害をもった人々への対応、その受けいれ施設等、現実の世界をぬきにこの学問は語れない。私は、この一〇年間、哲学という抽象的な学問体系から現実社会の裏側を見る新しい学問方法論の訓練ができた。こうした日々の体験から、私は、西洋の近代哲学を一つの思想として捉え、それぞれの哲学者がどのような社会的・政治的背景の下に生き、何をどのように考え、構築してきたかについて整理し学生と対峙した。こうした方法論は、人類の命題（平和・個の幸せ）を実現するための理念を明白にする講義であり、最終的には人類の「自然権」とモラルを示し、それらを共存しうる術（ツール）と心の豊かさを明白にする授業であった。こうした講義は、後日、『西洋哲学思想史』として結実する。

従って、大学は、「アラゴン大学校歌」に刻まれているように、学生に単なる知識や技術を教授するものではなく、学生に自ら思考させる熱意を伝える場であり、将来、学生が一人の人間として、社会人として成長していくための原点を自ら探求しうる糧を提供することにある。そのために、教師の使命は、まず、自己の研究成果、その問題意識とプロセスを語ることにはじまり、問題の本質を学生に提供し、可能なかぎり、その主題を共有しながら共に考え、語り、胸に刻ませていくことにある。

また、私の英語の授業では、専門課程の「外書講読」の形式で、テキストには、J・J・ルソーの『エミール』の英語版、F・エンゲルスの『イギリス労働者階級の状態』等を用いて講読した。さらには、幕末期、日本人が政治的民主主義と普通選挙制度について、最初に唱えたとされる坂本龍馬の『藩論』、この英訳が公文書としてH・パークスによって英国外務省に送付、私が英国公文書館にて発見した英文『HANRON』と「大日本帝国憲法」・「日本国憲法」の英訳文を比較しながら講読、単なる英語の授業ではなく、内容のある楽しい英語の授業であった。

やがて、大学も落着きをとりもどしていく。当時、社会福祉系の大学・学部は、学問的に創始期にあり、日本社会事業大学を中心に全国で七校にすぎなかった。そもそも、社会福祉という学問の対象は、社会的弱者・人間そのものであり、さらに、学際的な幅広い領域へと拡がっていく。そうした現状の下、福祉教育カリキュラム・個々の科目のシラバス等について、先輩教授方は、出身学部の基礎科目（法学・政治学・経済学・社会学・歴史学・心理学等）を中心に独自の分野（福祉原論・福祉法制・社会事業史・障害児者福祉等）の研究を深め、また、学問方法論として「ケースワーク理論」の構築に余念がなかった。要するに、彼らは、社会福祉という新しい学問分野に、手さぐりとはいえ並々ならぬ情念をもって学生に向い合っていた。当然、学生達もまた、そうした教授達の研究・教育姿勢に胸をうたれ、真剣なまなざしで聴講した。

また、私はこの大学の教授会から大学の自治の重要な基本を学ぶことができた。教授会の使命は教学に関する事項の審議決定である。その過程で最重要事項は、学長・学部長・その他の役職人事の選考、さらには、教員の採用・昇任人事である。これらの事項は、教学にかかわる専門分野の教員によって審議され、教授会の議をへて選び、最終的に人事権者たる理事長が任命する。私は、これがまさに大学の自治の真髄であることをこの教授会から学ぶことができた。

私は、この間、武蔵野美術大学（一九七五年―九四年）と学習院大学（一九七六年―八七年）へ哲学担当の非常勤講師として出向した。

当時、武蔵野美術大学は、他の美術系大学が昨今流行しているデザイン分野を重視するなか、美術教育の伝統的な三分野（油絵・彫刻・日本画）を中心に実技重視のカリキュラムと共に、西洋美術思想にかかわるLiberal Artsを軸とした「一般教育課程」の充実にも力をいれていた。私は哲学講義の受講生が多く二講座を担当した。彼らの多くは、西洋近代美術の背景となる古代ギリシャ・ローマの彫刻、イタリア・ルネサンス期の絵画・彫刻に陶酔し、とくに、それらの作品の思想性に関心をもっていた。

ここでの哲学講義は、そうした学生のニーズに焦点をあて、Artsを一つの思想として講義した。つまり、哲学に先行するArtsとして、ギリシャ・ローマの彫刻、さらには、ヨーロッパ近代社会誕生の土台となったルネサンス美術の思想的意義を軸に、近代哲学思想形成への影響・関係性について講義した。

毎週、講義の後、学生の質問に多くの時間を費やした。質問の多くは、各時代の美術作品の背景となる社会的・思想的背景であった。とくに、イタリア・ルネサンス期の思想と芸術との関係について彼らの質問は集中した。当時、日本の哲学界では、イタリア・ルネサンス期には哲学不在という考え方が主流であった。この時代の哲学思想を理解するためには同時代の芸術や文学から学ぶほかなかった。私は、武蔵野美術大学の学生から個々の作品を通してその思想性を多く学び刺激をうけたことになる。

また、私は母校・学習院大学の教壇に立つ。当時、学習院大学は、教員の世代交代が進み、かつての戦後民主主義の台頭期のような活気は感じられず、逆に、徳仁皇太子（現・天皇）の在籍していた時期ともかさなり、最高学府として落着き、静けさを感じさせる雰囲気であった。総合大学は、単科大学と異なり、多様な価値観とニーズをもった学生の集団である。それゆえ、私の哲学講義は、日本社会事業大学や武蔵野美術大学のような単科大学における講義とは異なり、すべての領域に通じる学問の基礎・原点となる本質に立ち返るような講義に努めたが、主題の焦点を絞ることに苦労した。

学習院大学では哲学講義が三講座開講され、私のクラスは、法学・政治学科の受講生が多く、彼らの質問内容からして、西洋国家思想史の哲学的背景（自然権・自然法・近代人権思想）に力を注ぐことができた。また、学習院大学の体験は、総合大学という単科大学とは異なる大学そのものの幅広い奥行きのある、具体的には、私が教育をうけたLiberal Artsの雰囲気をいまなお感じさせられた一〇年間であった。

ときと共に大学の現状は様変わりしつつあった。具体的には、旧文部省による「一般教育課程」の改革（一九八〇年代）がはじまる。一語でいえば、従来の「一般教育課程」の制約がゆるやかになり、各大学の教授会の判断にまかされることになった。

社会福祉の分野では、その改革を特化させるために、専門基礎科目が「一般教育課程」のなかに配置され、本来の伝統的なLiberal Artsの理念・科目の軽視が顕著に進んでいく。本来、この分野は、人間そのものを対象とする学際的な学問領域であり、なおさらのこと、Liberal Arts・「一般教育課程」との関係性は重要である。それは、対象となる人々がどのようなハンディキャップを背負っていても、人間であることに違いない。例え意識が衰え、植物人間となってしまった人々であっても生きている限り人間である。当然、福祉の仕事はそうした人間そのものの本性・本質（精神・魂）と向い合う仕事である。従って、社会福祉の学問的原点は人間理解そのものであり、その基礎科目は、幅広い人間理解を可能とするLiberal Arts・「一般教育課程」に支えられて成立する。

さらに悪いことに、福祉系の大学では、その多くが旧厚生省の「社会福祉士」国家試験受験資格を与える「養成校」となり、自ら、本来の大学教育・研究の使命と場を放棄していく。本来、国家資格とは、行政府が行政の立場で必要とする知識と技術とを国家試験によって確認するものである。しかし、「社会福祉士」の受験資格は、福祉系四年制大学を対象に、旧厚生省の示す受験科目とその詳細なシラバス通りの授業を強要、この受けいれが受験資格を学生に与える「養成校」としての認可条件となる。この世界では、いまやかつての自由な学問研究と学生と共に考え・学ぶ教学の場は消滅する。例えば、専門課程では、指定科目（社会福祉関係二八科目、五八単位）が多く、大学独自のカリキュラムを編成する余地はない。

それでも、当時、私は大学らしさ・研究と教育を維持する可能性はあると考えていた。旧厚生省のシラバスは、社会福祉の学際的な領域と理解すべき知識をくまなく網羅し、それらに基づいて出版されたどの参考書（例えば、「社会福祉学習双書」全一六巻、全社協）も出来栄えは優れていた。各教員は、こうした参考書を下地にして独自の研究成果をうわのせできるはずである。当初、日本社会事業大学の先生方は、シラバスや講義時間の制約の下、独自の研究を学生に提供し、ゼミ等を中心に、それぞれ新しい課題に取り組んでいた。

さらに、この分野は、他の学問体系と異なり、社会的諸問題をかかえる人々を受容する福祉現場・施設がある。当然、生身の人間そのものの理解なくして、知識だけでは、福祉の世界・諸問題を理解し解決しえない。先生方は、このシラバスに対して、福祉現場の実態を重視し、現実の課題を学生に提起し、共に考え、その過程を通して、新しい問題点を見出し、解決策を求め、学生共々情熱的であった。

要するに、日本社会事業大学の先生方は、養成校として旧厚生省の示すシラバスを受容しながらも、つねに、福祉の現場に目をむけ、とくに、少子高齢化に伴う福祉従事者の不足や低賃金といった現場のかかえる諸問題と真摯に取り組み、社会福祉の学問の向上・構築に余念がなかった。

しかし、ときと共に、大学の学問的雰囲気は徐々に変化し、かつての学際的活気さは色あせ、国家試験の合格率が教授会の強い関心事となっていく。合格率を高めるために、指定科目担当教員は、自分の研究成果を学生に提供するという従来の情熱的な姿勢が陰をひそめ、ひたすら受験講座の解説に全力を挙げざるをえない。それは、まさに大学入試に必要な知識を解説する「予備校」の姿であった。その証として、指定科目を担当する教員のテキスト・参考文献には、研究書ではなく、養成校用の参考書・講座が例外なく指定されている。この傾向は、やがて、全国の社会福祉系大学（養成校）に広がっていく。こうして、かつての社会福祉の先進大学・日本社会事業大学もついに大学教育の使命である学問教育の場を放棄していくことになる。

一方、この国家資格にも大きな限界があった。それは、この国家資格が医師・薬剤師や弁護士等の「事業独占資格」と異なり、単なる「名称独占資格」・名前だけの資格にすぎないことである。それゆえ、この職種は、資格を所持しなくても採用され、逆に、資格をえて福祉現場に就職しても、給与等の処遇は、他の職業と比べ、初任給で数万円低く、また、同施設内の資格をもたない大学卒の一般職員と比べ殆んど変らない。なお、僅かながら職務手当が保障されるのは一〇数年後のことである。これには私達教員・学生共々愕然とならざるをえなかった。

私は、こうした状況のなか、二〇〇〇年三月、日本社会事業大学を退職し、新設大学の長崎国際大学へ移ることになる。

長崎国際大学は、二〇〇〇年四月、和田光史学長（前九州大学総長）を中心に、一学部（人間社会学部）二学科（国際観光学科二〇〇名・社会福祉学科一〇〇名）で開学した。大学設置の特徴は長崎県初の公私協同（県・佐世保市）による四年制大学の開校であった。とくに、佐世保市を中心に県北地域からの新しい大学への期待は大きく、高度な知識にふれたい、学ぶことへの希望に満ちた学生・社会人が入学してきた。

私は、開学当初から一般教育科目の哲学・政治学を担当し、専門科目では、「社会福祉原論」の一部とこれまで全国の福祉系大学では開講されてこなかった「社会福祉の哲学」を担当した。講義準備もさることながら、地方の私立・新設大学の厳しさは学生募集である。私達五〇人の教員は、初年度から九州全県、沖縄県、さらには中国大陸（杭州・青島・上海・厦門（アモイ）等）へと出向いていった。

社会福祉学科では、二年後にはじまる社会福祉実習先の確保のため県内の施設をくまなく巡回することになる。福祉業界の情報として、この県北地域は全国的水準からみて遅れているとのことであった。たしかに、各施設には福祉系大学卒の指導者が殆んどおらず、実習に四年制大学の学生を受けいれ、育てる自信がないと断わられる施設もあった。私達教員は、こうした情報をもとに、毎年地元の施設に卒業生三〇人を就職させる。一〇年後には三〇〇人の指導者が在職することになり、当然、県北の社会福祉界を一変させると考えた。私達は、こうした情況と目標を学科会議の共有事項として捉え、学生と共有しながら研究・教育に邁進した。いまでは、この県北の福祉施設には長崎国際大学の卒業生が数百人在職し、福祉サービスも数段向上しているときく。

二〇〇三年、国家試験受験資格教科について、大学としては考えられない事件が発生した。私達は、学科会議の決定として、「医学一般」の科目を学生に理解しやすく講義するために、シラバスを変更することなく「医学Ⅰ」と「医学Ⅱ」に分けて講義することを決定し、授業を実施した。厚生労働省（二〇〇一年改編）から、指定科目を許可なく変更したという理由で呼び出しをうけ、厳重注意の上、前年度講義した全指定科目の詳細な講義記録の提出を求められ、さらに、理事長の「始末書」までも提出させられることとなった。当時、こうした事例は他大学でもよく聞かれた事例である。「養成校」といえばそれまでであるが、まさに、小・中・高校の教科書検定制度そのものであり、私達は、大学として、「学問の自由」（研究と教授）について、いま一度原点に立ち返り考えさせられる大きな出来事であった。

また、開学完成年度を迎え、社会福祉学科では新しい事態に直面する。大学経営は、少子化により、とくに地方の私立大学などは厳しい状況にあった。しかし、長崎国際大学では完成年度の四年間定員を割ることはなかった。ところが社会福祉学科では、就職状況が福祉系進学希望学生の夢と希望を一変させていく。それは、福祉系大学卒業の給料待遇が民間企業に比べ極度（数万円）に安いことであった。二〇一五年の統計では、長崎国際大学社会福祉学科卒の初任給の多くが高等学校卒業の全国平均初任給を下回っていたことである。地元の高校進路指導の先生から、福祉を希望する生徒達に「その分野だけはやめとけ、生活できないよ」と指導されたことを学生から聞き、私達学科の教員は愕然とした。

こうした状況の下、私は「社会福祉の哲学」講義に全力を注いだ。まず、西洋哲学思想を中心に、社会福祉にかかわる基礎研究を整理し、三年後『西洋哲学思想と福祉』を出版。さらに、大学院（二〇〇四年開設）では、三五年前、日本社会事業大学で私の「基礎ゼミ」で共に学んだ二人の社会人（長崎県庁・筑紫野市役所）が入学、私の大学院での講義を一層ふるいたたせることになる。大学院の講義は、哲学講義の基礎研究を土台として、「快・不快（苦）」の哲学を軸に「生存権と自由（freedom）」の問題を社会福祉の哲学として院生に提起した。例えば、自然界にあって、動物は晩年衰える。人間も例外ではない。医学がどのように発達しようと、これだけは避けられない。肉体・精神とも朽ち果て、どのように努力しても自分の力には限界がある。福祉従事者は、なにを論拠にこうした人々を支え、援助するか、その拠り所となる哲学はなにか。まさに福祉の哲学の真髄である。私は、こうした命題を院生と共に深めながら講義した。その成果として、私は、二年後、『社会福祉の哲学―人権思想を中心に』を出版することになる。

観光学科については、当時、立教大学・東洋大学を中心に、全国でも六校しかなく、社会福祉創設期と同様、学際的でまだ学問として確立される状況にはなかった。観光立県・長崎ということもあり、観光学科は、全国から観光現場（企画・開発・現業等）の専門家を招き、学際的な学問の確立に夢をはせていた。私も秘かに期待をよせていた。「私にとって観光とは何か」という議論からはじまり、観光学の体系を学問として、基本的な原論（概論）・歴史・方法論等を整理し、将来的に、佐世保から全国へと発信できるのではないか、大きな希望をもっていた。

この間、長崎国際大学は地方大学として大きく躍進した。

二〇〇二年……健康管理学部（定員八〇名）

二〇〇四年……人間社会学部大学院修士課程

二〇〇六年……薬学部（定員一〇〇名）

　健康管理学部大学院修士課程

　人間社会学部大学院博士課程等開設

とくに、二〇〇六年の三部門申請は文部科学省も驚く地方の私立大学では例を見ない事業であった。

この新しい大学の発展に伴い、私は、副学長・学部長として和田光史学長を支え、新しい大学の教学組織の構築に邁進した。地方の私学であるゆえ、大学経営は最重要課題であるが、私は、可能なかぎり、学部・学科の考え方を尊重した。そのなかで、教授会の組織と位置づけは大学の心臓部である。また、大きな大学では、学部単位の教授会が通例であるが、ここでは大学そのものの組織も小さく、学部・学科間の教員の研究交流、刺激等を重視し、全学教授会として一元化した。各学部・学科会議、さらには、教学事項は各委員会で審議、結果を教授会に上程、承認されるという方法を採用した。

私は、新設の長崎国際大学に九年勤め大学教育の基盤の確立を見定め、和田学長と共に退職。後任の潮谷義子（前熊本県知事）学長に後を託した。私は四四年間という大学教育の第一線から退くことになる。私の大学教員生活を簡単に振り返るならば、まず、なんといっても、戦前の全体主義国家とは異なり、戦後デモクラシーの良き時代・社会にLiberal Artsという新しい教育理念の下、育てられたこと。そして、そのよき時代・社会において研究・教育に生涯全力で立ち向うことができたこと。さらに、つねに問題意識をもち、真剣に取り組むすばらしい学生と向いあうことができたことである。まさに、忘れがたい研究・教育であった。

（二）今日の大学教育・その現状

二〇〇〇年を境に大学の現状は急変する。すでに指摘してきたように大学は根底から大きく変化しつつあった。安倍政権の「学校教育法第九三条」の改悪により、学長の権限強化と教授会自治の弱体化、さらには教員採用時の「任期制」導入である。教授会は、大学教育の危機を乗りきる重要な存在であるが、「任期制」と相まって、危機に対する教員の発言力も低下、新たに到来する危機に対して無気力状態におかれつつある。こうした状況下、一八歳人口の激減にともない、大学教育はおろか、大学の存在そのものが危機に直面する。

周知のように、我国の戦後における人口動態の変化は凄まじい。団塊の世代・一八歳人口のピーク時は一九六五年、約二六〇万人。団塊ジュニアのピーク時・一九八〇年前後・約二一五万人。二〇二〇年では一六〇万人をきっている。

大学進学との関係をふりかえると、大学では、一九六五年、団塊の世代のピーク時をむかえる。大学経営は、当然、新設学部・定員増等、肥大化する。ピーク時が去り、経営は厳しくなるが、幸いなことに、高度経済成長の恩恵の下、大学進学率が徐々に増え、団塊ジュニア世代の進学期をむかえる。しかし、彼らの進学期が去り、一〇年後には大学そのものの存亡にかげりがみえてくる。大学の深刻な問題はここからはじまる。二〇〇〇年以降、一八歳人口の減少は決定的となり、全国的な傾向として、私立大学、とくに地方の私立大学では受験生が減少し、経営は厳しく、大学そのものが存亡の危機に直面する。

まずは、この対策として、多くの私立大学では受験生の確保が至上命題となり、大学教育の最優先課題となる。その結果、最高学府としての研究・教育の負の連鎖がはじまる。

受験生の減少は、これまで入学試験の難易度を示す「偏差値」が全国的に低下する。とくに歴史の浅い私立大学文系では、全国的な規模でこの「偏差値」が下り、大学は、まず、推薦入試やA・O入試（自己申請）を導入するも焼け石に水。二〇〇五年頃には、学部・学科により「偏差値」を計上できないFランク、つまり、全入学というこれまで日本の大学では経験したことのない現象が現われてくる。次の段階では、全入学を制度として導入しても定員を満たしえない大学が登場する。さらに、定員割れがひどく、その五割を満たしえない大学が現われてくる。それは、文部科学省の

「私立大学助成金」の減額対象となる。その対応として、大学は、学科単位で定数を三割、さらには五割減少させる策をとっていく。

こうした結果、負の連鎖は、次の段階・大学教育の内容をも大きく変質させていく。

(1)基礎学力の低下、とくに、言語力・理解力・推理力の乏しい学生集団が徐々に増加する。当然、大学の高度でより専門的な学問内容は理解できない。大学では、そうした学生に対して、学生の理解しやすい講義内容と教授法が考案される。その代表的な一例として、やさしく解説した講義内容(シラバス)を受講生に配布し、それをさらにやさしく解説する。そこでは、教員の研究成果とそのプロセスの講義は陰をひそめ、各主題に対する常識的な知識の解説に終始する。それは、まさに研究・学問不在の大学講義となる。

(2)そこでは、大学の伝統的なカリキュラムから、卒業論文の提出は消滅する。さらに、専門課程の演習(ゼミナール)も選択科目として激減する。これらは、大学教育が自分の頭で考え、主体的に向いあうという学問・研究の鍛練の場を自ら放棄し、単なる知識の解説に主眼をおく教授へと変身していくことになる。それでもなお、学生の授業に対する反応は、異口同音に、講義が難解であり、理解できない、退屈・面白くないという答えがかえってくる。逆に、講義の内容に関する反応・質問は皆無に近い。

(3)学年末の定期試験・単位の認定についても、考えられない事態が生じている。多くの場合、講義に出席していれば、答案(またはレポート)の内容に関係なく単位を取得できる傾向になる。従って、最低限卒業する意識があれば卒業できる、いや卒業させる。結果的に、全入学制度で入学し、高額な授業料をおさめ、大学らしい学問的な訓練もなく殆んどの学生が卒業していく。しかし、同じ大学教育でも、理系ではこの真逆の事例がある。とくに、医・歯・薬学部、管理栄養士の課程では、国家試験の合否・合格率との関係上、多くの大学では厳しい単位認定がなされているときく。

元来、全入学制度は、高等教育の理想像である。それは、より高度な学問に触れ、学びたい学生を無条件で受けいれるすばらしい制度である。アメリカの州立大学では多くの大学が全入学制度であるが卒業は厳しい。逆に、日本の場合は入学させた学生を殆んど全員卒業させる。その根底には私立大学の経営事情が関係する。つまり、入学しても卒業が厳しいと風評がたてば、全入学制度とはいえ、学生が応募してこない、大学経営上致命傷となる。

以上がFランクに代表される大学のおおまかな現状である。この傾向は徐々に多くの大学に広がりつつあり、いまや、かつての最高学府・大学の理念・面影は消滅しつつある。[*4]

こうした大学の現状の下、とくに、Fランクにちかい大学の教員は、本来の使命である研究力をどのように維持し、高めているだろうか。教員の専攻分野、個人差等にもよるが、大学の現実、とくに問題意識もなく、基礎学力の乏しい学生を対象に講義する教員の心の内は複雑である。

まず、多くの先生方は、日々、学生の熱い目線からふるいたたされることはない。逆に、彼らはやさしく講義することの工夫に全神経を集中せざるをえない。その結果、自らの研究主題への関心

＊4　参考までに、『分数ができない大学生』西村和雄他、東洋経済新聞社、一九九九年。『下流大学が日本を滅ぼす』三浦展、KKベストセラーズ、二〇〇八年。

と熱意は無意識のうちに疎外されていく。その上、多くの若手教員は、民間企業の契約社員と同様、「任期制」・臨時職員に等しい。学生の授業評価が悪いと次の契約が危なくなる。こうした負の環境はますます教員の研究力を低下させる。確かに、教育現場は、ただ単に知識の解説を主眼とする授業であれば、必ずしも研究者を必要としない。研究者として訓練されていなくても知識が豊富で話術の得意な人であれば、評論家・元官僚等で充分である。いまや、こうした大学教育の悪循環は全国的に広がりつつある。教員が研究者として、自己の研究の成果を学生に示し、学生と共に語り、議論する授業風景は影をひそめ、一部の大学をのぞき消滅しつつあるのが現状である。

こうした負の遺産・結果は教員の研究成果として顕著に表れている。我国の研究力の低下は、自然科学の分野ですら、世界的にみると、アメリカ・中国に大きく差をつけられ後退傾向にある。「科学技術振興機構」は、科学論文一五一分野の引用回数を各分野ごとに比較すると、アメリカ・中国があらまし各分野で一位を独占していると報告（二〇一九年）。参考までに、日本では、沖縄科学技術大学院大学が全体の一〇位、東京大学四〇位、京都大学五九位、名古屋大学九三位、大阪大学九九位となっている。また、『Nature』（二〇一九年）によると、論文数では、一位中国科学院、二位ハーバード大学、九位が東京大学となっている。「日本は全体的に大きく減少している」と指摘されている。自然科学の場合、我国のこうした状況は研究費予算と相関関係にあるが、それ以上に、研究力、とくに基礎研究力の低下は鮮明である。我国のノーベル賞受賞者達は、基礎研究の重要性を指摘し、その分野の再構築の必要性を強調している。

一方、人文科学・社会科学の分野では世界的比較以前の状況にある。まず、我国では、この三〇年、この分野の専門書出版は激減している。この分野の出版企画担当者達は、とにかく売れないとつぶやく。学生のみならず、教員からの注文も激減傾向にある。また、一般読者の間では、著書のタイトルに「哲学」と「平和」の文字があると売れない、いまや、これは出版界の常識であるときく。さらに、こうした状況の下、多くの中・小出版社は、採算をとるために、執筆者に「出版助成金」（七〇万円―一〇〇万円）を要請する。従って、大学教員が研究書を出版することはますます困難な状況になっている。

こうした研究・教育の悪条件の下、社会福祉系大学ではさらに深刻な状況にある。この分野では、国家資格試験（社会福祉士・精神保健福祉士）の養成校として学問的研究・教育の場が疎外されている。そこでは、厚生労働省の指定する養成校としての教科内容やシラバスがこと細かに指示され、教員の自由な研究時間と教授の場が制約をうけ、皆無に等しい。例外的に、国家試験コースを選択とし、大学本来の研究と教育の場を守っている学部もあるが数校にすぎない。従って、社会福祉系の分野は、他の人文・社会系学部と比較して、学術論文・著書の生産性は低調であり、その内容もまた、読みものが多く、あるいは、誰にでもわかる事象を数量化した調査報告書がまかり通っている。

さらに悪いことに、最近、我国では大学教育の指導的立場にある教員の研究不正問題が大きな社会問題となっている。記憶に新しい研究不正として、日本社会事業大学元学長、国立社会保障・人口問題研究所長・京極高宣氏の論文「海外の社会福祉」（著作集第六巻、中央法規出版、二〇〇三年）が問題となっている。「朝日新聞」（二〇一七年一月七日）は、「フランスの社会福祉政策について論じた第三節のうち七割が国会図書館の調査員が一九八六年に執筆した論文〈フランスにおける社会福祉の法制と行政組織〉から引き写されていた。著者は調査員に無断で引用されており、出典も明示されていない」と報道。

さらには、東洋英和女学院長・深井智明氏の著書『ヴァイマールの聖なる政治的精神』（岩波書店）において、彼は実在しない神学者とこの人物が書いたとする論文を捏造。また、彼は別の研究者の論文を盗用、女学院は彼を懲戒処分（二〇一九年五月一〇日付）。岩波書店はこの著書を絶版とした。

こうした苦境のなか、大学経営の両輪である法人・理事会と教授会は、どのような理念の下、議論し、大学として意志決定しているだろうか。

一般的傾向として、両者の機能はこの三〇年間大幅に低下している。とくに、私立大学の場合、こうした経営状況下にあって、大学教育の本質的な議論等できる環境にない。学生募集を大前提とする経営戦略に埋没せざるをえない。

それにしても、大学そのものの経営責任・教育責任を問われる事件が世間を驚かせている。大学医学部不正入試事件と大量の留学生行方不明事件である。

一連の私立大学医学部入試不正事件、最も公平でなければならない大学入試において、数校の医学部では、女性と浪人受験生を不利に扱い、とくに、女性受験生への差別をおこなっていた事実が判明した。入試判定は、教学上、教授会の最も重要な事項である。にもかかわらず、この入試判定は、女性差別という入試以前の基本的人権問題を無視した差別に基づく合否が、しかも大学という最高学府の教授会の下、決定されていたことである。その社会的責任は重く、理事会、とくに教授会の責任は重い。

また、福祉系大学留学生大量の行方不明事件である。文部科学省（二〇一九年）によると、その実態は、この三年間で一六一〇人の留学生が行方不明であり、彼らに対する教育内容も到底大学レベルとはいえない授業内容であったと指摘している。これは、すくなくとも日本の最高学府・大学の留学生に対する「教育契約不履行」という国際的詐欺行為である。この大学の理事会・教授会にそうした罪意識はあったであろうか。まして、社会福祉教育にかかわる大学として、この大学は、基本的人権の原点である性・ハダの色をこえた人に対する尊厳の理念をもちあわせていたであろうか。まさにその真偽が問われる事件である。

さらに、いま世間を騒がせている日本大学・田中秀壽理事長の多額の脱税問題、その金銭の出どころをめぐる大学に対する背任行為の嫌疑等、田中理事長の我国の教育界に与えた衝撃は計り知れない。最高学府経営の長として、理事長のこの犯罪は、「日本大学」だけの問題ではなく、我国の最高学府・大学そのものに対する重大な背任行為といえる。

一方、文部科学省は、二〇一八年度、大学・大学院の教育体制・カリキュラム等の調査内容を発表した。それによると、一一八校中是正勧告一八校、改善一〇八校、その主たる内容は学生の定員割れと教員の定数割れとなっている。これらの大学は文部科学省の定める「大学設置基準」を満たすことなく大学教育の経営にかかわっていた法令違反の大学である。また、文部科学省は、設置基準の確認調査だけではなく、その内容、つまり、現在在職している各大学、とくに私学の教員資格審査を行う必要があると私は考えている。元来、教員の資格審査は、学部・学科の新設時に実施され、完成年度以降は大学に任されている。その審査をいま一度、三〇年前の厳しい審査基準で確認する必要がある。研究業績の乏しい現職教員がこの審査にどれだけ耐えられるであろうか。

文部科学省の指摘するこうした事例の根底には、多くの場合、教授会の主体的な教育責任者としての自覚の欠如、教授会の機能不全、さらには、大学経営責任者の教育理念不在が伺える。とくに、経営陣には、「国家百年の計は教育にある」、こうした普遍的命題、大学教育の本質・理念の欠如が顕著である。それは、いまや夢物語であるが、かつての福沢諭吉、新島襄、大隈重信等のような人物が見当らない。その私学経営者の多くは、三流企業の経営陣と同様、目先の利益にしか関心をもたないところに今日の大学経営の根本的な問題がある。

(三) 大学教育の再建

こうした状況の下、なお、私達は、今日の最重要課題である戦争と平和・地球環境破壊問題解決の手掛りとして、今日の教育の力に期待できるであろうか。一抹の不安がある。しかし、私達は歴史的にみて教育の世界に頼らざるをえない。その根本的な理由をいま一度整理したい。まず、私達は、人類にとって教育のもつ力とはなにか、あらためてその価値を認識する必要がある。私達は、人類の一人として生きるに必要な最低限の要件、経済的側面・絶対的貧困等多々あるが、その人間存在の原点、「自然権・基本的人権」を享受し、「精神・魂の世界の自由」の意味を理解し、生きられるのは教育の力をおいて他にない。例えば、私達の住む共同体・社会がかつて日本人が経験（戦争体験）してきたように、再びなんらかの要因で「自然権」の危機に直面したとき、私達は、どのような価値観に基づいて判断し、行動すればよいだろうか。先人達は、そうしたそれぞれの危機に対して、現実を直視し、過去に学び、そして未来を切り開いてきた。いま、この地球規模の危機に対して、私達は、何を考え、新しい価値・方向性をどのように模索していけばよいであろうか。私達がその奥深い歴史・思想を学びうるのも教育の力である。そのためにも、大学は、現状に甘んじることなく、つねに最高学府としての教育水準を堅持し教授しなければならない。これが最高学府・大学の社会的責務である。

私がとくに注目しているのは、こうした主題に警鐘を鳴らした二〇世紀最大の教育哲学者、R・ハッチンズ（R.M.Hutchins. 一八九九年—一九七七年）である。彼は三〇歳の若さでシカゴ大学総長に就任、著書には、西洋哲学思想の著作四四三編を全五四巻に編集した『*Great Books*』（ブリタニカ社、一九五二年）が有名である。また、Liberal Arts の理念を提唱した代表的な著書として、その第一巻に収められている『偉大なる会話』（田中久子訳、岩波書店、一九五六年）と『理想の大学』（森田美千代訳、創言社、一九八〇年）は世界の教育界に多大な影響を与えてきた。

私は、いま、この著書（『偉大なる会話』）を六〇年ぶりに読み直している。まさに、R・ハッチンズと偉大なる会話をしている思いである。まず、彼の教育哲学思想の形成と社会的背景をふりかえりたい。

周知のように、産業革命後一九世紀から二〇世紀にかけ、欧米列強は、空前の経済発展を遂げ、植民地侵略、その結果、二つの世界大戦へと突入する。この間、アメリカでは、経済・軍事を支える科学技術の進歩と過度に専門化された技術教育が急速に進行する。R・ハッチンズは、こうした教育界の動向に懸念を抱き、人類が決して忘れてはならない『旧約聖書』の時代から三〇〇〇年にわたり培ってきた人類の英知・古典を重視し、いま一度見直すべきという新しい教育理念・Liberal Arts を提起した。私も学生時代から『*Great Books*』を利用した一人であり、私は、いまでもこの Liberal Arts を人類に感動を与えた英知として、また学問的基礎領域として位置づけている。

R・ハッチンズの問題提起とその理念は一昔前の化石ではない。今日、あらゆる分野において、科学、とくにIT・AI技術の進歩は凄まじい。我国の「理化学研究所」の開発した「スーパーコンピューター〈富岳〉」は、その計算能力が世界一位となった。しかし、心から喜んでいられない。その技術の軍事利用・殺人兵器の活用も考えられる。世界の軍事大国ではAI・人口知能による無人殺人兵器の研究・開発が進んでいる。また、地球環境破壊等、人類にとって取りかえしのつかない現状にあって、この愚かさを阻止するのも人間の力である。それを可能とするのは、人間の心と先進科学技術との調和をもたらす多元的思考の術・Liberal Arts の理念を基本に据えた教育の力以外にない。当時のR・ハッチンズの問題提起は、まさに、今日の私達に対する警告の再来である。

また、今日の大学教育の状況に対する一つの解決策として、私は彼の提唱した Liberal Arts の理念を基盤に据えた再構築が可能であると考えている。つまり、我国の戦後の教育改革は、戦前の全体主義（天皇絶対主義）国家の悲惨な経験から、彼の提唱した Liberal Arts の理念に基づく教育改革であった。今日では、科学技術優先の教育と他方では大学教育の質の崩壊を再建するために、私は、その基本理念として、いま一度 Liberal Arts における先人との偉大なる会話を軸に、最高学府としてのあるべき教育の姿を示すことができるのではないかと考えている。

「職業人である前に人間である」。これは、J・J・ルソーの有名な言葉である。私は、いま、その人間として学ぶべき術を広く先人の知恵として Liberal Arts に求めている。「いまどきなにが Liberal Arts だ、なんの役に立つか」と嘲笑する政治家・財界人は多々いる。また、残念なことに、こうした言葉は大学人・理系ではなく文系の側からも聞えてくる。例えば、戦前では、松下幸之助（小学校中退）、本田宗一郎（高等小学校卒）のような高等教育・大学教育もうけず、町工場から自己の能力・努力のみで世界に通じる大企業を創設した人々もいる。また、今日でも、普通の公立高校を卒業し、就職は中途採用にて、世界を代表する企業のリーダーとして活躍している人物もいる。こうした例外的事例は多々ある。それはそれとして認め、評価したい。ここでは、大学教育再建の一般論として、私は大学教育の基礎を支え、先人に学ぶという Liberal Arts・「一般教育課程」の強化こそ、大学教育再建の生命線の一つであると考えている。

私達・人間存在にとって、とくに重要なことは、人類の歴史からそのときどきの教訓・先人の知恵を学ぶことである。これぞまさに Liberal Arts の真髄であり、私は、哲学思想との関係で、この歴史的教訓の重要性を⑴人類の発展期、⑵混乱期、⑶変革期として、それらの三次元の事例を心に刻んでいる。

その一つは、古代ギリシャ、ポリス・アテネの教訓である。簡単に振り返ると、アテネは、ペルシャ戦争（前五世紀）に勝利し、地中海の覇者となる。アテネ市民は、経済的躍動を享受し、さらなる豊かさを求め、目先の利害・知識にのみ強い関心を示し、ポリス（共同体）と共に生きる人間のあるべき本質（徳・正義）について振り返ることはなかった。前四三一年、アテネ市民は、ポリス・アテネ繁栄の妨げとなる隣国スパルタと戦うことになる。こうした状況下、アテネでは、ソクラテスの哲学・物事の本質、人間として生きる意味・価値を説く学問とそれを若者に教授するソフィスト達が登場する。ソクラテスもその一人であったが、そうした彼らの活動もむなしく、その戦争の意志決定はアテネ市民の直接投票によって決定した。その結果、アテネは敗北し、ポリス・アテネの栄華は終る。その歴史的教訓は、我国の日清・日露・日中戦争、そして太平洋戦争へと突き進み、多くの犠牲の下、すべてを無に帰した近代史と重複する。そこには、人間として生きることの本質的な価値観の欠如を物語る歴史的な一コマを垣間見ているようである。

次に、私が関心をもつ歴史の一幕は中世初期のヨーロッパ社会である。ローマ帝国の崩壊後、永遠の都ローマ社会は、異民族・西ゴート族の侵略（四一〇年）により徹底的に破壊される。この混乱期・苦境のなか、神学者・アウグスティヌス（三五九年―四三〇年）は、人間が人類として異民族と共に生きる理想的な共存社会をめざし、地上における「神の国」の創造を構想した。彼は、それぞれの地域にキリスト教会を建立し、村人は教会を中心に神という絶対者を敬い、多民族共同体の構成員として生きる術を考えた。これは後の「バチカン国家」を頂点に仰ぐ中世キリスト教社会の原型となる。この評価は別として、私は、彼の人類として異民族と共に生きる発想と遠い先を見据えたこの理念に学ぶべき学問の偉大さを感じている。こうした「国家百年の計」を構想する彼の姿勢・生き様こそ、私は、キリスト教という信仰を超越した価値として後世に伝えるべき重要な思想の一コマであると考えている。

また、T・ホッブスやJ・ロックの考えた哲学思想・近代デモクラシーの理念は、私達現代人にとって、計り知れない意味をもつ。今日、デモクラシーは、子供（小学生）でも理解されるほど普及した。しかし、それを守り育てる努力を怠れば、その理念は形骸化し、制度は崩壊する。そして、そのデモクラシーは一夜にして確立されたものではない。それは一七世紀中葉イギリスで登場する。さらに、その下地となる思想はイタリア・ルネサンスへとさらに約三〇〇年遡る。当時のイギリスは、絶対王制下[*5]にあり、その社会構成員たる農奴は、自分の意志で考え判断し、生きることの許されない本来の人間とはほど遠い存在にあった。

哲学者T・ホッブスとJ・ロックは、この絶対王制にかわり、社会の構成員たる農奴を一人の独立した人間として生きられる新しい社会、その仕組みとして、今日の政治の原型となる近代国家を構想した。そして彼らは、その国家を支える新しい理念として近代民主主義を提唱した。さらに、J・ロックによると、この新しい制度・国家を支えるのは、かつての農奴から市民（people）へと解放された新しい階層である。その彼らに必要な要件は、新しい政治的民主主義を支えるに資格ある民として、自分の感性で感じ、自分の頭で考え行動する人間として成長することであった。そのための鍛練の場が教育であり、その真髄は、まさに、新しい社会を創造し、育て支えるための術を自ら考えさせることであった。

＊5　絶対王制における王は、その由来を「聖書」に求め、神の子として全知全能なる絶対者であった。また、この絶対王制は、民との関係でみれば、戦前我国の「天皇絶対主義」下の天皇と臣民との関係、また、今日では、中国・北朝鮮の非人権的な絶対主義国家を想起すればよい。

こうした哲学思想と関係する歴史的事例は多々あるが、私は、Liberal Arts・『*Great Books*』との関係において、この三例をとくに重視している。現代人はこうした先人の貴重な英知を継承していかなければならない。この継承によって、今日の大学教育の質も再構築されるのではないか、私は秘かに期待している。

最後に、大学教育改革は大小多岐にわたるが、この終章のまとめとして、私の教員活動の経験から最も重要と思われる私の基本的な考えを四点指摘しておきたい。

(1) 改革理念の一般論として、経営人を含む大学人は、「最高学府の教育とは何か」いま一度自問し、真摯に向い合わなければならない。その一例として、今日、大学経営の大きな柱の一つとなっている国家資格課程の見直しである。その資格課程が、例え医・歯・薬や司法試験の課程であろうとも、大学の「研究と教授の自由」を疎外する場合、大学はその課程を返上し、その道の専門学校へと役割を移譲することである。とくに、目にあまるのは、社会福祉系学部・学科である。ここでは、周知のように、養成校としての縛りの下、「研究と教授の自由」は皆無に近い。くどいようだが、大学の大学たる証はそうした自由の保証にある。その保証が担保されない大学はもはや大学ではない。にもかかわらず、この学部・学科の教授会では、こうした本質的な議論をかわしているという情報すら、いまだに聞こえてこない。いま一度、理事会・教授会は真剣に再考すべきである。

(2) また、理事会・教授会は、国際社会に通用する優秀な企業人を育てるためにも、すべての学部・学科に共通する「一般教育課程」の理念の重要性を再確認することである。まず第一に、現在の大学生の学力をその質において、本来の最高学府のあるべき水準に高めることである。その基本的な一例として、Liberal Arts の理念に支えられた「一般教育課程」の内容と教授の充実である。まず、そのためには先生方自身 Liberal Arts に秘められた崇高な理念を理解すべく努力しなければならない。そして、こうした授業の難しさに悲鳴をあげ、講義への苦情を訴える学生に対して、先生方はそれらに屈してはならない。先生方は、まず、これが大学の講義であることを学生に示すこと。そのためには、すべての教科を通して学生の Liberal Arts の内容を最低限理解しうる言語力・理解力・推理力を鍛えなければならない。こうした先生方の真剣な講義姿勢は、後日、間違いなく学生の心・魂を目覚めさせることになる。

(3)　理事会・教授会にとって、重要な役割の一つはこの改革に向う大学全体の考え方を共有させることである。その合意をえられない大学に未来はない。ただ消え去るのみである。次に重要な事項は教員採用人事である。一般的に、応募教員の研究能力は彼の研究業績から判断する。その研究業績を一読すれば、その能力は判断できる。その際、重要なことは、その論文がどれだけ基礎研究に支えられているか否か読みとることである。優れた基礎研究（専門基礎）に支えられた研究者は将来的に成長する。逆に、社会調査たぐいの調査報告の多い研究者は、その分野のオリジナルな論文はまず書けない。従って、教員選考について、理事会が人事権をもつとはいえ、その選考は、教育・研究の専門家集団である教授会に依託すべきである。この手法は、昨今、伝統ある一部の国立大学・私立大学をのぞき陰をひそめている。

次に、教授会の重要な使命は大学カリキュラムの策定である。「一般教育課程」については文部科学省のしばりがゆるやかになっている今日、教授会の役割は重要である。しかし、そこでは、一般的傾向として、安易に専門基礎科目を「一般教育課程」に位置づけることはあっても、Liberal Arts を軸とする本質的な議論等ほとんど聞えてこない。いまこそ、教授会は、学力低下が問題視されている学生に対して、本来、大学のあるべき教育姿勢と学問の厳しさをカリキュラムを通して学生に提示し、その意義を説明しなければならない。

(4) 教授会は、学生の入学・進級・卒業について審査決定する大任を負っている。私の考えでは、勉学に熱意ある受験生は可能なかぎり入学させることを原則とし、一年生前期課程では、すべての教科で最高学府・大学教育の意義・厳しさを学生に伝える授業を展開する。そこでは、授業中ビデオを見せてその感想を書かせ単位を認定するようなことがあってはならない。こうした大学の基本姿勢を理解しえない学生は、恐らく、場違いなところにきたことを自覚し、前期課程終了時には大学を去っていくだろう。いまでは、ごく例外ではあるが、この逆の退学、大学らしさを感じない、高校の授業と変らない、事の本質・なぜという問いかけをしない講義に失望して大学を去り、将来を見すえ専門学校へ再入学した事例もある。今日の大学に問われている問題は、まさにこうした大学へと脱皮しえるか否かということにかかっている。しかし、今日では、こうした本質的な問題に気づかない、関心すらない大学が多数を占めていることもまた事実である。

最後に、これからの大学は、民間企業の場合と同様、最高学府としての使命を果たせない大学は淘汰される時代となる。理事会・教授会の役割は、大学が専門学校ではなく、大学として生き残るための答えは一つ、それは最高学府として大学らしい内容のある大学への再建でしかない。そして、私達は、平和社会の構築・地球環境を守るためにも、最終的には改革された新しい大学教育の力に頼らざるをえない。そのためにも、私はその指導的存在たる大学教育の再建を心から願っている一人である。

あとがき

今日、出版界では「哲学」や「平和」という標題がつくと売れないといわれて久しい。まさに総一億「哲学の貧困」の時代である。

私は、「人類の叫び」・戦争・殺戮・地球環境破壊について、人類はこれからどのように向かいあうべきか、現代哲学の原点・生と死を軸に熟考し、悩み、思索を重ねてきた。

二一世紀の今日、大がかりな戦争は存在していない。しかし、局地戦にともなう殺戮行為は絶えることがない。その結果、多くの難民が生じている。その数八二四〇万人（二〇二〇年・UNHCR発表）。さらに、人類の存亡にかかわる地球環境問題も深刻である。私達人類にとって、「COP26」の結果も心もとない。科学者達の見解とはほど遠い結末である。人類は、この場におよんで「カーボン・ニュートラル」達成に関する緻密で具体的な対策すら明示できていない。

さらに人類にとって不幸は重なってくる。「新型コロナウイルス」の世界的な発生である。当面、私達はこの生死にかかわる新しいウィルスと闘わなければならない。その「新型コロナウイルス」・いまや（二〇二二年三月）世界中の感染者は四億人以上、死者も六〇〇万人をこえている。現時点では、かつての「スペイン風邪」（一九一八年―一九年・推定死者二五〇〇万人）に比べるとその規模は小さいが決して侮れない。

この「新型コロナウイルス」の発生は、私にとって、R・ダーウィン（一八〇九年―八二年）の「進化論」、その真髄となる「適者生存」の法則を想起させるものがある。バクテリア、新種のコロナウイルスは、日々、億単位で生成死滅している。そうしたなかで、いまこの温暖な地球環境を最適とするコロナウイルスが多種発生しても不思議ではない。彼らにとって、こんなに住み心地の良い快適な環境はこれまでなかった。当然、彼らはものすごい勢いで繁殖する。いまやこの地球は、彼らにとって「適者生存」の最適な環境であり、まさにこれが自然界の法則である。これからも、彼らは、姿をかえ、「変異コロナウイルス」へと、また異次元のより強力な姿で進化し、地球上に現われてくるであろう。例えば、いま世界的に急拡大しつつある新種・オミクロン株の猛威である。これもまた、「適者生存」の法則からして不思議なことではない。

いま現在、私達・人類にとって、予防用ワクチンは開発されつつあるが、特効薬はない。さらに、感染しても、受けいれる病院も窮している。医療現場では、感染者の急増にともない、急患はもちろん、一般外来患者の受診さえも圧迫されている。その結果、自宅待機中（全国一三万五〇〇〇人、二〇二一年九月）に亡くなる患者も少なくない。さらに自宅待機は家庭内感染を拡大し、まさに医療崩壊・家庭崩壊へと連動する。いまや私達は自然のなりゆきに身をゆだねるしかない。この「新型コロナウイルス」は自然に終息するかもしれない。また、「ワクチン」の開発が進み、その接種の普及によって感染者の数は減少するかもしれない。それまで、高齢者にとっては、感染しても自力で自然治癒するか、さもなくば死するしかない。彼らの悲愴な「叫び」が聞えてくる。戦争・殺戮・地球環境破壊というこれまでの「叫び」に新しい「叫び」が加わり、まさに「叫び」の三重奏となる。

さらに、私達の日常的な不安はつづく。医学的見地からしても見通しはない。この三密（密集・密接・密閉）を避ける状態はいつまでつづくだろうか。その過程で経済活動は、これまでの不況（例えばリーマン・ショック）とは比較にならないほど疲弊し、倒産・失業者の増大等先が見えない。国家の新型コロナウイルス対策、それにともなう財政支援にも限界がある。一年間に一〇〇兆円単位の特別援助は国家財政の根幹にかかわる問題である。世界の新型コロナウイルス対策費は、二〇二〇年末現在、約一四〇〇兆円の公的債務となり、我国はGDPの二五八％・五九一兆円の借金をかかえている。さらに感染が治まらなければ、その額は増加し、いつかは社会的受容、国家財政の臨界点をこえることになる。

しかし、不思議なことに、世界の株価は大幅に上昇している。[*1] 世界の金融界は、人の動きが激減し、とくに、航空産業・観光・飲食業界等、窮地に追いつめられている実態経済と真逆の方向に進んでいる。こうした傾向はいつまでつづくであろうか。私達は、一九二九年のニューヨーク・ウォール街の株価の大暴落、それにともなう世界的な経済恐慌にみまわれるのではないか、一抹の不安が

＊1　二〇二〇年三月、ニューヨーク株式市場ダウ平均一万八五九一ドル、日経平均株価は一万六五五二円にまで急落。しかし、一年後の二〇二一年三月には、ニューヨークの株価・三万一五三五ドル、日経平均では二万九六六三円と急騰している。

ある。

この新型コロナウイルス下におけるこうした株価の高騰について、私はつくづく人間の「欲望」のすさまじさを考えさせられている。戦争・殺戮・地球環境破壊等、それらの素因の共通項は私達人類の果てしない「欲望」に起因する。そして、「自然」は、地球環境破壊がとりかえしのつかない臨界点に達する前に、「新型コロナウイルス」の発生という自然現象によって、「自然」自らの怒りを私達人類に表明しているのではないか。私達人類はp・ブリューゲルの「バベルの塔」の現代版、つまり、『旧約聖書』で神は人々の言語を奪ったが、今回、「自然」は、感染者の後遺症として、私達の味覚・臭覚を奪っている（約二五％の後遺症）。私達は真摯に受け止めなければならない。

また、皮肉なことに、この「新型コロナウイルス」下の私達の日常生活・経済活動の停滞は、地球温暖化の主たる要因である二酸化炭素等の排出を約三〇％減少させたという貴重な科学的報告（カリフォルニア州）もある。これは「自然」が地球環境破壊解消の明白な処方箋を私達・人類に教示している。私達はこの「自然」の実証的な教えを生かさなければならない。さもなくば、数一〇年後、私達・人類は間違いなく、E・ムンクの「叫び」、心の底から発する恐怖や怒りを超越したまさに絶望の光景と重複することになる。

最後に、終章の大学教育について、私は、この数年間、日本社会事業大学・斉藤くるみ教授と多くの時間をついやし、大学教育とは何か、その使命・意義等の本質論についてLiberal Artsを軸に議論を交わした。結果はいつも絶望的であった。しかし、お互いに大学教育への熱意と期待は消えることがなかった。いま思えば、私は斉藤教授から多くの励ましと示唆をうけている。感謝の意を著したい。

また、私の教え子・故池本美和子（前佛教大学社会福祉学部教授）さんとは、彼女が亡くなる一ヶ月前まで、福祉の原点である自然権・生存権について論議した。私は現代哲学の主要課題の一つである「自然権」の理念と「欲望」を軸に据えたこの著書の構想に心強い励ましをうけた。つまり、「自然権」は、日本的発想の「社会的生存権」の原点であること、従って、「自然権」を中心に社会福祉の思想をいま一度見直すべきとすることの学問的意義、さらには、そうした思想の背景にひそむ人類がさけて通れない「欲望」についての問題提起等の意義について語っていただいた。これは、かつて私の哲学講義を熱心に受講した元学生の貴重な講評であり、西洋哲学思想を六〇年以上学んできた私の思想を後押しされるものであった。感謝し、ご冥福をお祈りする。

さらに、生原稿の入力・整理等島田佐和子氏にお世話になった。そして、私の健康を気づかい、栄養士として日々食事の管理等、妻・久美子に感謝し、この著書のあとがきとしたい。

最後に、この出版事情の厳しいおり、この著書の出版を快く引き受けていただいた彩流社・竹内淳夫会長に感謝の意を表します。

〔著者紹介〕
関家 新助（せきや しんすけ）
1936年生まれ、高知県出身。
学習院大学大学院修了（哲学専攻）
日本社会事業大学教授
日本社会事業学校長
長崎国際大学教授・学部長・副学長
現在、日本社会事業大学名誉教授、長崎国際大学名誉教授。
主要著書：
『西洋哲学思想史』（法律文化社、1985年）、『近代日本の反権力思想』（法律文化社、1986年）、『権力と倫理思想』（法律文化社、1993年）、『西欧哲学思想と福祉』（中央法規出版、2002年）、『社会福祉の哲学』（中央法規出版、2011年）、『龍馬が抱いたデモクラシー（法律文化社、2013年）、『「生存権」と国家――西欧国家思想に学ぶ』（中央法規出版、2014年）、『生存権・戦争と平和――哲学的考察』（彩流社、2017年）

人権（じんけん）・戦争（せんそう）・地球環境（ちきゅうかんきょう）――自然権（しぜんけん）・究極（きゅうきょく）の課題（かだい）

2022年8月25日　初版第1刷発行　　定価はカバーに表示してあります

著者　関家新助
発行者　河野和憲

発行所　株式会社　彩流社
〒101-0051　東京都千代田区神田神保町3-10　大行ビル6F
電話 03 (3234) 5931　FAX 03 (3234) 5932
http://www.sairyusha.co.jp

印刷　㈱モリモト印刷
製本　㈱難波製本
装幀　渡辺将史

ISBN978-4-7791-2842-4 C0030